BUKU MASAKAN "KUBIS SIHAT DAN KIMCHI"

Panduan untuk 100 Kobis Kaya dengan Nutrien dan Ciptaan Kimchi

MOHAMAD HJ HERMANSAH BIN RADZI AIMAN

Bahan Hak Cipta ©2024

Hak cipta terpelihara

Tiada bahagian buku ini boleh digunakan atau dihantar dalam apa jua bentuk atau dengan apa cara sekalipun tanpa kebenaran bertulis yang sewajarnya daripada penerbit dan pemilik hak cipta, kecuali petikan ringkas yang digunakan dalam semakan. Buku ini tidak boleh dianggap sebagai pengganti nasihat perubatan, undang-undang atau profesional lain.

ISI KANDUNGAN

- ISI KANDUNGAN 3
- PENGENALAN 6
- KIMCHI 7
  - 1. Kimchi Kubis Napa 8
  - 2. Kubis Cina Dan Kimchi Bok Choy 10
  - 3. Kimchi Cina 13
  - 4. Kimchi Putih 15
  - 5. Kimchi lobak 17
  - 6. Kimchi Cepat Dengan Timun 20
  - 7. Kimchi Vegan 22
  - 8. Baechu Kimchi (Kimchi Kubis Keseluruhan) 24
  - 9. Kimchi Lobak Putih/ Kkakdugi 26
  - 10. Kimchi Kucai/Pa-Kimchi 29
  - 11. Kimchi Bawang Dengan Lada 31
  - 12. Kimchi Kobis Hijau 34
  - 13. Kimchi Timun Mini Sumbat 36
- MEMASAK DENGAN KIMCHI 38
  - 14. Kimchi Tumis/Kimchi- Bokkeum 39
  - 15. Mee Kimchee 41
  - 16. Nasi Goreng Kimchi Dengan Spam 43
  - 17. Mangkuk Sarapan Bubur Periuk Perlahan 46
  - 18. Daging Lembu Dan Brokoli Dengan Kimchi 48
  - 19. Babi Dan Kimchi Tumis/Kimchi- Jeyuk 51
  - 20. Mangkuk Daging Lembu Dengan Mee Zucchini Dan Kimchi 53
  - 21. Kimchi Fries 56
  - 22. Taco Daging dan Bawang Korea 58
  - 23. Kimchi Jjigae Korea (Rebus) 60
  - 24. Kimchi Dan Sup Tauhu 63
  - 25. Kimchi Dan Krois Keju Biru 65
  - 26. Salad Mee Kimchi 69
  - 27. Salmon Dan Kimchi Dengan Mayo Poke 71
  - 28. Cucuk Salmon Kimchi 73
  - 29. Mangkuk Poke BBQ Babi Korea 75
  - 30. Gulung Bunga Probiotik 77
  - 31. Kimchi Ramen 80
  - 32. Rebusan Sayuran yang ditapai 82
  - 33. Salad Quinoa Dan Kimchi 84
  - 34. Probiotik Guacamole 86
  - 35. Sos Kimchi 88
  - 36. Kimchi Lobak Daikon Kiub 90

37. Pancake Sedap 92
38. Bacon Dan Kimchi Paella Dengan Ayam 94
39. Daging Korea Dan Keju Bakar Kimchi 97
40. Brisket Korea Dan Burger Kimchi 99
41. Gulung Bunga Kimchee Curl Soya 102
42. Ramen Kimchi Satu Periuk 104
43. Nasi Goreng Kimchi 107
44. Kimchi Slaw 109
45. Kimchi Quesadillas 111
46. Roti Bakar Avokado Kimchi 113
47. Tumis Tauhu Kimchi 115
48. Kimchi Hummus 117
49. Kimchi Sushi Rolls 119
50. Kimchi Deviled Eggs 121
51. Salad Kimchi Caesar 123
52. Kimchi Guacamole 125
53. Lempeng Kimchi/ Kimchijeon 127
54. Salad Kubis Cina Dengan Sos Kimchi 129

ACAR KUBIS 131
55. Kobis Acar Klasik 132
56. Piccalilli 134
57. Sauerkraut asas 136
58. Kobis Acar Asia Pedas 138
59. Acar Cuka Epal Kubis 140
60. Kubis Acar Dill Dan Bawang Putih 142

MASAK DENGAN KUBIS 144
61. Coleslaw Kobis Merah 145
62. Suey Chicken Chop Fijian 147
63. Kobis Putih Dan Kentang 149
64. Tostadas Sayuran Hijau 151
65. Chard Dan Brokoli 153
66. Lobak Kubis Slaw 155
67. Salad Pelangi Dengan Kubis 157
68. Microgreens & Salad Kacang Salji 159
69. Salad Delima Pahit Manis 161
70. Salad Kekasih Salmon Sejuk 163
71. Gulung Kertas Nasi Cendawan 165
72. Salad Gnocchi Asia 168
73. Ladu Kobis 170
74. Mee Nasi Goreng Taiwan 172
75. Kobis Dan Bungkus Edamame 174
76. Nasi Goreng Telur Dalam Mug 176
77. Lasagna kubis 178

78. Okonomiyaki Kubis Jepun 180
79. Salad Grapefruit Kubis Merah 182
80. Kubis Dan Babi Gyoza 184
81. Sup Wonton Vegetarian 186
82. Taco Ikan Kubis 188
83. Crostini Tenderloin Babi Dengan Salad Kubis 190
84. Mangkuk Açaí Dengan Pic Dan Mikrohijau Kubis 193
85. Salad Buah Dan Kubis 195
86. Salad Red Velvet Dengan Ubi Bit Dan Mozzarella 197
87. Kobis Dan Jus Oren 199
88. Sup Kubis Musim Bunga Dengan Rumpai Laut Rangup 201
89. Salad Kubis Dan Delima 203
90. Salad Daging Lembu Dengan Acar Goji Berries 205
91. Sup Kubis & Bit 208
92. Kubis Merah Dengan Chrysanthemum s 210
93. Tumis Kobis 212
94. Gulung Kubis Sumbat 214
95. Sup Kobis Dan Sosej 216
96. Salad Kubis Dengan Lemon Dressing 218
97. Kari Kobis Dan Kentang 220
98. Tumis Kobis Dan Udang 222
99. Tumis Kobis Dan Cendawan 224
100. Salad Kubis Dan Kacang Tanah 226

KESIMPULAN 228

PENGENALAN

Selamat datang ke "Buku masakan "kubis sihat dan kimchi" panduan utama anda untuk menerokai dunia kubis yang kaya dengan nutrien dan seni membuat kimchi yang lazat. Buku masakan ini adalah perayaan kepelbagaian kubis yang luar biasa dan kuasa penapaian transformatif, menawarkan anda 100 resipi untuk meningkatkan pengalaman masakan anda dengan bahan-bahan berkhasiat ini. Sertai kami dalam perjalanan yang membawa manfaat kesihatan dan perisa kubis dan kimchi yang berani ke meja anda.

Bayangkan sebuah dapur yang dipenuhi dengan aroma kubis segar dan nota pedas yang pedas untuk menapai kimchi. "Buku masakan "kubis sihat dan kimchi" bukan sekadar koleksi resipi; ia adalah penerokaan kepelbagaian kubis yang ada dan pelbagai cara di mana kimchi boleh menambah baik makanan anda. Sama ada anda seorang pakar kimchi atau seseorang yang baru dalam dunia makanan yang ditapai, resipi ini direka untuk memberi inspirasi kepada anda untuk menerima kebaikan kubis dan seni pembuatan kimchi.

Daripada kimchi kubis Napa klasik kepada ciptaan inventif menggunakan kubis merah, kubis Savoy dan banyak lagi, setiap resipi adalah perayaan kekayaan nutrisi dan rasa berani yang dibawa oleh kubis ke meja anda. Sama ada anda membuat jamuan tradisional Korea, bereksperimen dengan hidangan fusion atau ingin menambah kelainan berkhasiat pada hidangan harian anda, buku masakan ini ialah sumber anda untuk menerokai dunia kubis dan kimchi.

Sertai kami sambil kami menyelidiki manfaat kesihatan, perisa dan kepentingan budaya kubis dan kimchi, di mana setiap ciptaan adalah bukti kepelbagaian dan kemeriahan bahan- bahan yang sederhana namun berkuasa ini. Jadi, kumpulkan kubis anda, terimalah seni penapaian, dan mari memulakan pengembaraan masakan melalui "Buku masakan "kubis sihat dan kimchi".

KIMCHI

1.Kimchi Kubis Napa

BAHAN-BAHAN:
- 1 kobis napa, potong bersilang ke dalam kepingan 2 inci
- ½ lobak daikon saiz sederhana, dikupas dan dipotong memanjang, kemudian ke dalam ketulan setebal ½ inci
- 2 sudu besar garam laut
- ½ cawan air
- 2 biji bawang hijau, dihiris panjang 2 inci
- 3 ulas bawang putih, dikisar
- 1 sudu besar halia segar parut
- 1 sudu besar serbuk cili korea

ARAHAN:

a) Letakkan potongan kubis dan daikon dalam mangkuk adunan yang besar.

b) Letakkan garam dan air dalam mangkuk kecil yang berasingan; campurkan untuk larut. Tuangkan ke atas sayur-sayuran. Ketepikan pada suhu bilik semalaman untuk lembut.

c) Keesokan harinya, toskan, simpan air masin yang direndam sayur-sayuran. Masukkan bawang hijau, bawang putih, halia, dan serbuk cili ke dalam campuran kubis, dan gaul rata.

d) Bungkus dengan ketat campuran ke dalam balang kaca ½ galon dengan penutup. Tuangkan air masin yang disimpan ke dalam balang, tinggalkan 1 inci ruang di bahagian atas. Tutup rapat penutup.

e) Biarkan balang di tempat yang sejuk dan gelap selama 2 hingga 3 hari (bergantung pada suhu dan cara acar dan ditapai anda mahu kimchi anda). Sejukkan selepas dibuka.

f) Akan disimpan selama beberapa minggu di dalam peti sejuk.

2.Kubis Cina Dan Kimchi Bok Choy

BAHAN-BAHAN:
- 3 sudu besar garam laut kasar yang tidak ditapis atau 1½ sudu besar garam laut halus
- 3 cawan air yang ditapis, tidak berklorin
- 1 paun kubis Cina, dicincang kasar
- 3 kepala baby bok choy, cincang kasar
- 4 biji lobak, dicincang kasar
- 1 biji bawang besar
- 3 ulas bawang putih
- 1 ketul halia 2 inci
- 3 biji cili

ARAHAN:
a) Campurkan air dan garam laut sehingga garam telah larut untuk membentuk air garam. Mengetepikan.
b) Potong kasar kubis, bok choy, dan lobak. Campurkan, dan masukkan ke dalam periuk kecil atau mangkuk.
c) Tuangkan air garam ke atas campuran sayur-sayuran sehingga ditutup.
d) Letakkan pinggan yang hanya muat di dalam periuk atau mangkuk, dan timbangkannya dengan pemberat gred makanan, balang atau mangkuk lain yang berisi air. Tutup dan biarkan selama sekurang-kurangnya 4 jam atau semalaman.
e) Haluskan bawang merah, bawang putih, halia dan cili dalam pemproses makanan untuk membentuk pes.
f) Toskan air garam dari sayur-sayuran, simpan untuk kegunaan kemudian. Rasa campuran sayuran untuk rasa masin.
g) Bilas jika rasa terlalu masin atau tambah secubit garam laut jika perlu.
h) Gaulkan sayur dan adunan rempah sehingga sebati.
i) Bungkusnya dengan ketat ke dalam periuk kecil atau mangkuk, tambahkan sedikit air garam jika perlu untuk memastikan sayur-sayuran tenggelam. Timbang sayur-sayuran dengan pinggan dan berat gred makanan. (Saya menggunakan mangkuk kaca atau seramik yang lebih kecil yang diisi dengan air garam yang tinggal untuk bertindak sebagai pemberat.
j) Jika anda memerlukan air garam tambahan atau campuran sayur-sayuran mengembang untuk mencapai mangkuk, ia mengandungi air garam yang sama.) Tutup dengan penutup.
k) Penapaian selama kira-kira 1 minggu, atau lebih lama jika anda lebih suka kimchi yang lebih rasa.
l) Letakkan dalam mangkuk kaca atau balang dengan penutup dan sejukkan. Hidangkan sebagai ulam, perasa, atau di atas nasi perang di atas mi bihun untuk makan malam yang cepat dan lazat.

3.Kimchi Cina

BAHAN-BAHAN:
- 1 kepala napa atau kubis Cina, dicincang
- 3 lobak merah, parut
- 1 lobak daikon besar, parut atau secawan lobak merah kecil, dihiris halus
- 1 biji bawang besar, dicincang
- 1/4 cawan serpihan rumpai laut dulse atau nori
- 1 sudu besar kepingan lada cili
- 1 sudu besar bawang putih kisar
- 1 sudu besar halia segar dikisar
- 1 sudu besar bijan
- 1 sudu besar gula
- 2 sudu teh garam laut berkualiti baik
- 1 sudu teh sos ikan

ARAHAN:
a) Hanya campurkan semua bahan bersama dalam mangkuk besar dan biarkan selama 30 minit.
b) Bungkus campuran ke dalam balang kaca besar atau 2 balang yang lebih kecil. Tekan ke bawah dengan kuat.
c) Teratas dengan beg Ziploc berisi air untuk mengelakkan oksigen keluar dan memastikan sayur-sayuran terendam di bawah air garam.
d) Letakkan penutup dengan longgar dan ketepikan untuk ditapai sekurang-kurangnya 3 hari. Rasanya selepas 3 hari dan tentukan sama ada rasanya cukup masam. Ini soal citarasa peribadi jadi teruskan mencuba sehingga anda menyukainya!
e) Sebaik sahaja anda berpuas hati dengan rasa anda boleh menyimpan kimchi di dalam peti sejuk di mana ia akan disimpan dengan gembira selama berbulan-bulan, jika ia tahan lama!!

4.Kimchi Putih

BAHAN-BAHAN:
- 1 kobis Napa besar (kira-kira 2½ paun), dibelah empat, dengan tangkai dikeluarkan, dan dipotong menjadi kepingan 1 inci
- 1 lobak merah besar, dipotong menjadi jalur sepanjang 2 inci
- 1 lobak Sepanyol hitam besar atau 3 lobak merah, dijulang
- 1 lada benggala merah, dibiji, dibuang biji, dan dihiris
- 3 tangkai bawang hijau atau daun kucai, dicincang menjadi kepingan 1 inci
- 2 pir, bertangkai, berbiji, dan dibelah empat
- 3 ulas bawang putih, dikupas
- ½ bawang kecil, dibelah empat
- 1 inci halia segar
- 3 sudu besar garam laut halus yang tidak ditapis atau 6 sudu besar garam laut kasar yang tidak ditapis
- 6 cawan air yang ditapis

ARAHAN:
a) Dalam mangkuk besar, satukan kubis, lobak merah, lobak, lada benggala, dan bawang hijau.
b) Satukan pear, bawang putih, bawang merah dan halia dalam pemproses makanan, dan campurkan menjadi puri. Tuangkan campuran pear ke atas sayur-sayuran cincang. Masukkan garam, dan gaulkan semua sayur-sayuran sehingga ia disalut sama rata dalam puri pear dan garam.
c) Letakkan campuran sayuran dalam periuk besar, dan tuangkan air ke atasnya.
d) Letakkan pinggan yang sesuai di dalam tempayan untuk menutupi sayur-sayuran dan biarkan ia tenggelam.
e) Letakkan pemberat selamat makanan atau mangkuk kaca atau balang berisi air di atas pinggan untuk memastikan sayur-sayuran tenggelam.
f) Tutup dengan penutup dan simpan di tempat yang sejuk dan tidak terganggu selama kira-kira satu minggu atau sehingga ia mencapai tahap tangisan yang anda inginkan.
g) Pindahkan ke dalam balang atau mangkuk, tutup, dan sejukkan, di mana kimchi harus bertahan sehingga setahun.

5.Kimchi lobak

BAHAN-BAHAN:
- 2 paun lobak Korea (mu), dikupas dan dipotong menjadi kiub 1 inci
- 2 sudu besar garam laut kasar
- 2 ulas bawang putih, dikisar
- 1 sudu teh halia, parut
- 2 sudu besar kepingan lada merah Korea (gochugaru)
- 1 sudu besar sos ikan (pilihan, untuk rasa umami)
- 1 sudu besar kicap (pilihan, untuk menambah kedalaman rasa)
- 1 sudu besar gula
- 4 bawang hijau, dicincang
- 1 lobak merah kecil, julienned (pilihan)

ARAHAN:
a) Letakkan kiub lobak dalam mangkuk adunan yang besar. Taburkan garam ke atas lobak dan toskan hingga rata. Biarkan mereka duduk selama kira-kira 30 minit untuk melepaskan lembapan mereka.
b) Bilas kiub lobak di bawah air sejuk untuk mengeluarkan garam yang berlebihan. Toskan dengan baik dan pindahkan ke dalam mangkuk yang bersih dan kering.
c) Dalam mangkuk yang berasingan, satukan bawang putih kisar, halia parut, serpihan lada merah Korea, sos ikan (jika guna), kicap (jika guna), dan gula. Gaul rata untuk membentuk adunan seperti pes.
d) Masukkan pes ke dalam kiub lobak dan toskan untuk menyaluti lobak dengan perasa. Masukkan bawang hijau dan lobak merah (jika guna), dan campurkan semuanya.
e) Bungkus campuran lobak berperisa dengan ketat ke dalam balang kaca yang bersih, tekan ke bawah untuk mengeluarkan sebarang poket udara. Tinggalkan kira-kira satu inci ruang kepala di bahagian atas.
f) Tutup balang dengan penutup tetapi jangan tutup dengan ketat untuk membolehkan gas keluar semasa penapaian. Letakkan balang di tempat yang sejuk dan gelap, seperti almari atau pantri, dan biarkan ia ditapai selama 2 hingga 5 hari. Periksa kimchi setiap hari dan tekan ke bawah dengan sudu bersih untuk memastikan lobak terendam dalam cecair yang akan terbentuk.
g) Rasa kimchi selepas 2 hari untuk memeriksa tahap penapaian yang anda inginkan. Jika ia telah menghasilkan rasa masam dan sedikit masam yang anda suka, pindahkan balang ke peti sejuk untuk melambatkan proses penapaian. Jika tidak, teruskan penapaian selama beberapa hari lagi sehingga anda mencapai rasa yang diingini.
h) Kimchi lobak boleh dinikmati dengan segera, tetapi ia akan terus menghasilkan rasa apabila ia ditapai di dalam peti sejuk. Ia boleh disimpan di dalam peti sejuk selama beberapa minggu.

6.Kimchi Cepat Dengan Timun

BAHAN-BAHAN:
- 2 biji timun, hiris nipis
- 1 sudu besar garam laut
- 1 sudu besar halia parut
- 2 ulas bawang putih, dikisar
- 2 sudu besar cuka beras
- 1 sudu besar gula
- 1 sudu besar kepingan lada merah Korea (gochugaru)

ARAHAN:
a) Toskan hirisan timun dengan garam laut dan biarkan selama 30 minit. Toskan air yang berlebihan.
b) Dalam mangkuk, campurkan halia, bawang putih, cuka beras, gula dan kepingan lada merah untuk menghasilkan pes kimchi.
c) Salutkan hirisan timun dengan pes dan masukkan ke dalam balang. Sejukkan sekurang-kurangnya 2 jam sebelum dihidangkan.

7.Kimchi Vegan

BAHAN-BAHAN:
- 1 kobis Napa bersaiz sederhana
- 1 cawan lobak Korea (mu), julienned
- 1/2 cawan garam laut kasar Korea
- 1 sudu besar halia parut
- 4 ulas bawang putih, dikisar
- 3 sudu besar kicap
- 2 sudu besar gula
- 1 sudu besar kepingan lada merah Korea (gochugaru)

ARAHAN:
a) Potong kubis Napa menjadi kepingan bersaiz gigitan dan julienne lobak Korea.
b) Dalam mangkuk besar, taburkan kubis dan lobak dengan garam laut kasar Korea. Gaul rata untuk memastikan salutan sekata. Biarkan selama kira-kira 2 jam, pusing sekali-sekala.
c) Bilas kubis dan lobak dengan teliti di bawah air sejuk untuk mengeluarkan garam yang berlebihan. Toskan dan ketepikan.
d) Dalam mangkuk yang berasingan, campurkan halia parut, bawang putih cincang, kicap, gula dan kepingan lada merah Korea (gochugaru) untuk menghasilkan pes.
e) Salutkan kubis dan lobak dengan pes, pastikan ia dilindungi dengan baik.
f) Pindahkan campuran ke dalam bekas yang bersih dan kedap udara, tekan ke bawah untuk mengeluarkan buih udara. Biarkan sedikit ruang di bahagian atas untuk membenarkan penapaian.
g) Tutup bekas dan biarkan ia ditapai pada suhu bilik selama kira-kira 2-3 hari. Selepas itu, simpan di dalam peti sejuk.

8.Baechu Kimchi (Kimchi Kubis Keseluruhan)

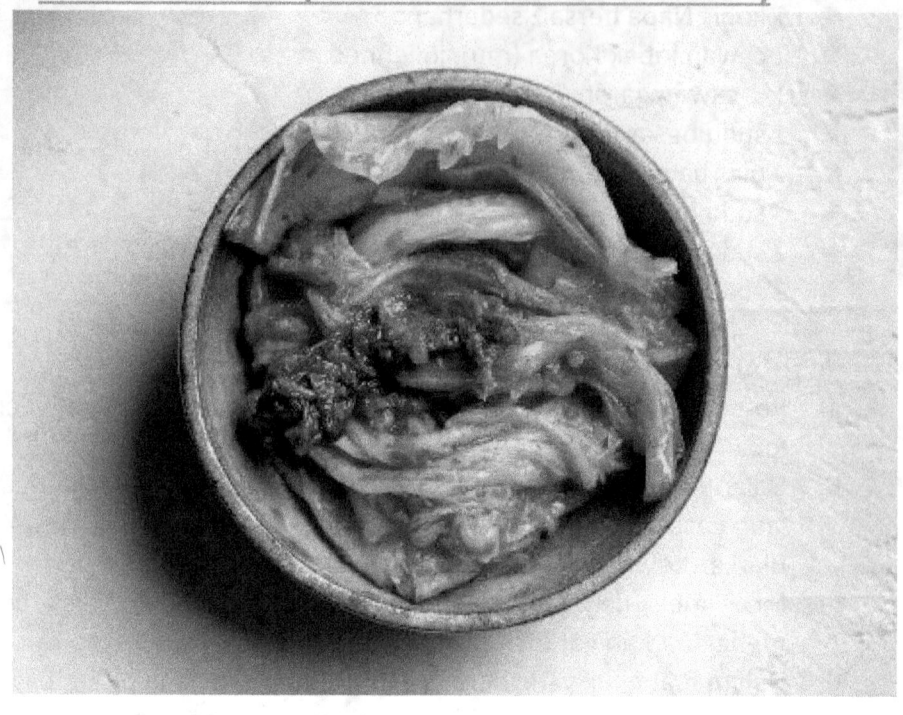

BAHAN-BAHAN:
- 1 keseluruhan kubis Napa
- 1 cawan lobak Korea (mu), julienned
- 1/2 cawan garam laut kasar Korea
- 1 cawan air
- 1 sudu besar halia parut
- 5 ulas bawang putih, dikisar
- 3 sudu besar sos ikan
- 2 sudu besar kicap
- 2 sudu besar gula
- 2 sudu besar kepingan lada merah Korea (gochugaru)

ARAHAN:
a) Potong keseluruhan kubis Napa separuh memanjang, dan kemudian potong setiap separuh menjadi tiga. Ini akan menghasilkan enam keping.
b) Larutkan garam laut kasar Korea dalam secawan air. Taburkan kubis dan lobak Korea dengan campuran air masin ini dengan murah hati, pastikan untuk mendapatkannya di antara daun. Biarkan selama kira-kira 2 jam, pusing sekali-sekala.
c) Bilas kubis dan lobak dengan teliti di bawah air sejuk untuk mengeluarkan garam yang berlebihan. Toskan dan ketepikan.
d) Dalam mangkuk, campurkan halia parut, bawang putih cincang, sos ikan, kicap, gula dan kepingan lada merah Korea (gochugaru) untuk menghasilkan pes.
e) Salut setiap helaian daun kubis dan lobak dengan pes, pastikan ia dilindungi dengan baik.
f) Susun semula kepingan kubis untuk mengubah bentuk keseluruhan kubis.
g) Pindahkan keseluruhan kubis ke dalam bekas yang bersih dan kedap udara, tekan ke bawah untuk mengeluarkan buih udara. Biarkan sedikit ruang di bahagian atas untuk membenarkan penapaian.
h) Tutup bekas dan biarkan ia ditapai pada suhu bilik selama kira-kira 2-3 hari. Selepas itu, simpan di dalam peti sejuk.

9.Kimchi Lobak Putih/ Kkakdugi

BAHAN-BAHAN:
BRINE
- 1.5 kg (3 lb 5 oz) lobak putih (daikon), lobak hitam atau lobak merah yang dikupas
- 40 g (1½ oz) garam laut kasar
- 50 g (1¾ oz) gula
- 250 ml (1 cawan) air berbuih

PERAP
- 60 g (2¼ oz) gochugaru serbuk cili
- 110 g (3¾ oz) sup tepung biasa (semua guna).
- ½ buah pir
- ½ bawang
- 50 g (1¾ oz) sos ikan bilis yang ditapai
- 60 g (2¼ oz) ulas bawang putih
- 1 sudu teh halia kisar
- 5 cm (2 inci) daun bawang (bahagian putih)
- ½ sudu besar garam laut 2 sudu besar gula

ARAHAN:

a) Potong lobak kepada bahagian tebal 1.2 cm (½ inci), kemudian setiap bahagian menjadi empat. Letakkannya dalam mangkuk dan masukkan garam laut kasar, gula dan air berkilau. Gaul rata menggunakan tangan supaya gula dan garam disapu dengan baik. Berdiri selama lebih kurang 4 jam pada suhu bilik. Apabila kepingan lobak menjadi elastik, perapan selesai. Bilas kepingan lobak sekali dalam air. Biarkan mereka mengalir selama sekurang-kurangnya 30 minit.

b) Untuk perapan, campurkan gochugaru ke dalam sup tepung biasa sejuk (teknik penyediaan yang sama seperti untuk sup tepung beras, muka surat 90). Haluskan pir, bawang dan sos ikan bilis yang ditapai dalam pemproses makanan kecil dan campurkan dengan campuran tepung biasa gochugaru . Hancurkan bawang putih dan kacau ke dalam adunan bersama halia yang dikisar. Potong daun bawang menjadi kepingan nipis dan kacau ke dalam adunan. Habiskan perasa dengan garam laut dan gula.

c) Satukan kepingan lobak dengan bahan perapan. Letakkan dalam bekas kedap udara, isikan sehingga 70% penuh. Tutup dengan bungkus plastik dan tekan untuk mengeluarkan sebanyak mungkin udara.

d) Tutup penutup dengan ketat. Biarkan selama 24 jam dalam gelap pada suhu bilik dan kemudian simpan di dalam peti sejuk sehingga 6 bulan. Rasa kimchi ini adalah yang terbaik apabila ia diperam dengan baik, iaitu selepas sekitar 3 minggu.

10. Kimchi Kucai/Pa-Kimchi

BAHAN-BAHAN:
BRINE
- 400 g (14 oz) daun bawang putih
- 50 g (1¾ oz) sos ikan bilis yang ditapai

PERAP
- 40 g (1½ oz) gochugaru serbuk cili
- 30 g (1 oz) sup tepung beras
- ¼ pear
- ¼ bawang besar
- 25 g (1 oz) ulas bawang putih
- 1 sudu besar lemon yang diawet
- ½ sudu besar halia kisar 1 sudu besar gula

ARAHAN:

a) Basuh tangkai daun kucai dengan baik dan buang akarnya. Susun sekumpulan daun kucai, mentol menghadap ke bawah, dalam mangkuk besar. Tuangkan sambal ikan bilis ke atas daun kucai, terus ke bahagian paling bawah. Semua batang harus dibasahi dengan baik. Bantu sapukan sos dengan tangan anda, ratakan dari bawah ke atas. Setiap 10 minit, gerakkan sos dengan cara yang sama dari bahagian bawah mangkuk ke bahagian atas batang, dan teruskan melakukan ini selama 30 minit.

b) Masukkan serbuk cili ke dalam sup tepung beras. Tulen pir dan bawang bersama dalam pemproses makanan kecil dan hancurkan bawang putih. Gaul dengan sup tepung beras. Tuang adunan ke dalam mangkuk yang berisi daun kucai. Masukkan limau nipis, halia kisar dan gula. Gaulkan dengan menyalut setiap tangkai daun kucai dengan bahan perapan.

c) Letakkan dalam bekas kedap udara, isi hingga 70% penuh. Tutup dengan bungkus plastik dan tekan untuk mengeluarkan sebanyak mungkin udara.

d) Tutup penutup dengan ketat. Biarkan selama 24 jam dalam gelap pada suhu bilik dan kemudian simpan di dalam peti sejuk sehingga 1 bulan.

11. Kimchi Bawang Dengan Lada

BAHAN-BAHAN:
- 4 tandan (kira-kira 35 tangkai) musim bunga atau bawang hijau
- 2 sudu besar. garam kosher
- 4 ulas bawang putih
- 1 inci halia segar, kulit dibuang
- 1 sudu besar. sos ikan bot merah atau sos ikan lain tanpa MSG dan pengawet (tinggalkan jika anda mahu kimchi vegan)
- ½ cawan kepingan lada panas kasar (gochugaru)

ARAHAN:

a) Basuh daun bawang, potong akarnya, kupas lapisan luar yang nipis, dan keluarkan mana-mana bahagian hijau tua atau rosak yang kelihatan di sekeliling bawang. Apabila bawang bersih dan disediakan, bilas lagi dengan air sejuk.

b) Letakkan bawang dalam pinggan kaca seperti hidangan pembakar 9 x 13 inci jenama Pyrex. Taburkan garam ke atas bawang. Gunakan tangan untuk mencampurkan garam secara rata di sekeliling bawang dan biarkan selama 2 jam. Campurkan bawang selepas 1 jam. Selepas 2 jam, bilas garam dengan air sejuk dan biarkan mengalir dalam colander.

c) Dalam pemproses makanan, masukkan bawang putih, halia, dan sos ikan dan nadi sehingga puri. Pindahkan adunan ke dalam mangkuk sederhana dan masukkan kepingan lada panas. Gaul sebati.

d) Dalam satu lagi hidangan kaca besar seperti hidangan pembakar 9 x 13 inci jenama Pyrex, masukkan bawang yang telah dibilas dan campuran lada. Potong bawang menjadi kepingan 2 inci. Salutkan bawang besar dengan teliti dengan campuran dan gaul lagi. Pindahkan bawang yang disiram dalam dasar kimchi ke dalam balang bersih atau bekas penapaian pilihan lain.

e) Bungkus bawang dengan baik, tetapi biarkan kira-kira 1 inci ruang dari bawang ke tepi balang.

f) Tutup setiap balang atau tempayan dengan kain cheesecloth atau penutup lain yang boleh bernafas untuk mengelakkan habuk dan pepijat daripada memasuki penapaian anda. Atau, jika ditapai dalam balang, anda juga boleh menambah penutup balang pengetinan dan skru pada cincin dengan ketat. Jika anda menambah penutup, anda perlu "sendawakan" penapaian setiap hari untuk melepaskan sebarang gas terbina yang terhasil semasa penapaian. Simpan pada suhu bilik, idealnya antara 60ºF (16ºC) dan 75ºF (24ºC). Jauhkan dari cahaya matahari langsung.

g) Tapai pada suhu bilik selama 2 hari, pindahkan ke bekas kedap udara, dan pindahkan ke peti sejuk. Campuran bawang akan terus ditapai perlahan-lahan di dalam peti ais. Anda boleh makan penapaian pada bila-bila masa, tetapi perisa akan terus berubah, idealnya menjadi yang terbaik sekitar tanda dua minggu.

12.Kimchi Kobis Hijau

BAHAN-BAHAN:
- 1 resipi Sauerkraut Kubis Hijau Asas, dihiris menjadi segi empat sama 2 inci
- 5 sudu besar Sos Kimchi

ARAHAN
a) Dalam mangkuk besar, satukan garam dan air; gaul untuk melarutkan garam. Masukkan kubis dan rendam selama 2 jam.
b) Toskan dan buang air dari kubis. Pakai sarung tangan untuk melindungi tangan anda, masukkan Sos Kimchi, dan gosokkan ke dalam kubis.
c) Letakkan campuran dalam balang kaca ½ galon dan tutup penutup dengan ketat. Biarkan selama satu hari pada suhu bilik. Simpan dalam peti ais selepas dibuka.
d) Akan disimpan selama 2 minggu di dalam peti ais.

13. Kimchi Timun Mini Sumbat

BAHAN-BAHAN:
- 8 timun mini
- 1 sudu besar garam laut

SUMBAT
- 1 cawan lobak daikon julienned
- ¼ cawan bawang kuning julienned
- 2 bawang hijau julienned
- 2 sudu besar Sos Kimchi

ARAHAN:

a) Potong setiap timun memanjang, biarkan 1 inci di bahagian bawah tidak dipotong. Putar dan potong memanjang sekali lagi, biarkan 1 inci di bahagian bawah tidak dipotong. (Pangkalan 1 inci memegang bersama empat bahagian yang dihiris setiap timun.)

b) Letakkan timun di bahagian bawah dulang atau mangkuk kecil, dan taburkan garam di dalam daging dan di bahagian luar timun. Ketepikan selama 2 jam pada suhu bilik.

c) Toskan dan buang cecair dari timun.

d) Dalam mangkuk yang berasingan, satukan bahan pemadat dan gaul rata. Gunakan satu perlapan daripada campuran pemadat setiap timun, isi ruang terbuka setiap timun, pasangkan bahagian timun dengan ketat pada pemadat.

e) Bungkus timun yang disumbat ke dalam balang kaca supaya muat dengan ketat (jangan pilih balang yang akan meninggalkan udara tambahan di sekeliling kuih). Tutup penutup rapat dan nikmati keesokan harinya.

f) Akan disimpan selama 3 hari di dalam peti ais.

MEMASAK DENGAN KIMCHI

14. Kimchi Tumis/Kimchi- Bokkeum

BAHAN-BAHAN:
- 2 suku kimchi kubis cina
- 3 cm (1¼ inci) daun bawang (bahagian putih)
- 2 sudu besar minyak sayuran neutral
- 1½ sudu besar gula
- 1 sudu besar minyak bijan

ARAHAN:
a) Potong kuar kimchi kubis menjadi jalur lebar 2 cm (¾ inci).
b) Cincang daun bawang.
c) Salutkan kuali dengan minyak sayuran dan tumis daun bawang dengan api besar sehingga naik bau. Masukkan kimchi dan gula ke dalam kuali. Tumis dengan api sederhana selama 5 hingga 10 minit, sehingga kimchi separuh lembut. Jika kimchi kelihatan terlalu kering, masukkan 3 sudu besar air semasa memasak.
d) Tutup api tetapi biarkan kuali di atas dapur atau plat panas. Lumurkan dengan minyak bijan, kemudian gaul sebati.

15. Mee Kimchee

BAHAN-BAHAN:
- 1 ½ cawan kimchee
- 1 (3 auns) bungkusan mee ramen segera rasa timur
- 1 (12 auns) pakej Spam, dipotong dadu
- 2 sudu besar minyak sayuran

ARAHAN:
a) Masak mee mengikut arahan pada bungkusan. Letakkan kuali di atas api sederhana. Panaskan minyak di dalamnya. Tumis dalam kepingan spam selama 3 minit.
b) Kacau mee selepas toskan dan masak selama 3 minit tambahan.
c) Masukkan kimchee dan masak selama 2 minit. hidangkan mee anda hangat.

16.Nasi Goreng Kimchi Dengan Spam

BAHAN-BAHAN:
- 3 sudu besar minyak kanola, dibahagikan
- ¾ cawan Spam dipotong dadu
- 1 cawan kimchi cincang
- 2 sudu besar jus kimchi
- 1 sudu besar kicap
- 1 sudu besar gochugaru (serpihan lada merah Korea)
- 2 sudu besar mentega tanpa garam
- 3 ½ cawan nasi putih masak
- 1 sudu besar minyak bijan
- 3 biji telur

PILIHAN:
- Daun bawang cincang
- Nori (rumpai laut panggang) yang dicincang halus
- Bijan panggang

ARAHAN:
a) Panaskan 2 sudu besar minyak kanola di atas api sederhana tinggi dalam kuali nonstick atau kuali besi tuang.
b) Masukkan Spam yang dipotong dadu ke dalam kuali dan tumiskannya sehingga ia bertukar sedikit keperangan, yang sepatutnya mengambil masa kira-kira 5 minit.
c) Masukkan kimchi yang dicincang, jus kimchi, kicap, dan gochugaru ke dalam kuali. Tumis adunan ini selama 5 hingga 10 minit.
d) Masukkan mentega tanpa garam ke dalam kuali dan kacau sehingga ia cair.
e) Masukkan 3 ½ cawan beras yang telah dimasak ke dalam kuali dan gaul sebati sehingga semua nasi disalut dengan kimchi dan sos.
f) Rasa nasi goreng untuk perasa dan sesuaikan mengikut keperluan. Jika terlalu masin, boleh tambah nasi untuk mengimbangi rasa.
g) Masukkan minyak bijan ke dalam nasi goreng dan gaul rata.
h) Tutup api dan ketepikan nasi.
i) Dalam kuali nonstick yang berasingan, panaskan 1 sudu besar minyak kanola di atas api yang sederhana tinggi.
j) Goreng telur mengikut kematangan yang anda inginkan, lebih baik di bahagian atas yang cerah.
k) Hidangkan nasi goreng kimchi di atasnya dengan telur goreng dan hiaskan, jika dikehendaki, dengan daun bawang cincang, nori yang dicincang dan biji bijan.
l) Nikmati Nasi Goreng Kimchi yang lazat Dengan Spam!

17. Mangkuk Sarapan Bubur Periuk Perlahan

BAHAN-BAHAN:
- ¾ cawan (125 g) beras melati
- 4 cawan (940 ml) air
- 3 cawan (705 ml) stok sayuran atau ayam
- 1 inci (2.5 cm) sekeping halia segar, dikupas dan dihiris nipis
- Garam kosher dan lada hitam yang baru dikisar
- 3 sudu besar (45 ml) alpukat atau minyak zaitun extra-virgin, dibahagikan
- 6 auns (168 g) cendawan, sebaik-baiknya cremini atau shiitake, dihiris
- 6 cawan (180 g) bayi bayam
- 4 biji telur besar
- Kimchi
- Daun bawang, dihiris nipis

ARAHAN:

a) Masukkan beras, air, stok, halia, dan 1 sudu teh (6 g) garam ke dalam periuk perlahan 3½ liter (3.2 L) atau lebih besar dan kacau bersama. Tutup, tetapkan kepada rendah, dan masak sehingga nasi hancur dan berkrim, kira-kira 8 jam.

b) Angkat dan buang halia. Kacau, kikis bahagian tepi dan bawah periuk perlahan. Bahagikan bubur di antara mangkuk.

c) Panaskan 1 sudu besar (15 ml) minyak dalam kuali besar di atas api yang sederhana tinggi. Masukkan cendawan, perasakan dengan garam dan lada sulah, dan tumis sehingga lembut, kira-kira 5 minit. Sudukan ke atas bubur.

d) Panaskan 1 sudu besar (15 ml) minyak dalam kuali yang sama dengan api sederhana. Masukkan bayam dan masak, kacau sekali-sekala, sehingga layu, kira-kira 2 minit. Bahagikan bayam di antara mangkuk.

e) Panaskan baki 1 sudu besar (15 ml) minyak dalam kuali yang sama, dan goreng telur.

f) Masukkan telur ke dalam mangkuk bubur, dan atas dengan kimchi dan
 daun bawang.

18. Daging Lembu Dan Brokoli Dengan Kimchi

BAHAN-BAHAN:
- 2½ sudu besar (37 ml) alpukat atau minyak zaitun extra-virgin, dibahagikan
- 1 paun (455 g) daging lembu kisar
- Garam kosher dan lada hitam yang baru dikisar
- 1½ sudu besar (23 ml) amino kelapa , dibahagikan
- ¼ cawan (12 g) basil Thai cincang
- 16 auns (455 g) brokoli beras
- 1 bok choy besar (atau 2 sederhana).
- 2 ulas bawang putih, dikisar
- 1 cawan (40 g) radicchio yang dicincang
- 4 biji daun bawang, hiris nipis
- Kimchi
- Taugeh
- 1 resipi Sos Miso-Ginger (halaman 23)
- bijan

ARAHAN:

a) Panaskan ½ sudu besar (7 ml) minyak dalam kuali besar di atas api sederhana tinggi. Masukkan daging lembu, perasakan dengan garam dan lada sulah, dan masak, pecahkan daging dengan sudu kayu, sehingga perang dan masak, 6 hingga 8 minit. Kacau dalam 1 sudu besar (15 ml) amino kelapa dan masak selama seminit lebih lama. Keluarkan dari api dan kacau dalam basil.

b) Sementara itu, panaskan 1 sudu besar (15 ml) minyak dalam kuali berasingan dengan api sederhana. Masukkan brokoli beras, garam, dan lada sulah, dan masak, kacau sekali-sekala, sehingga brokoli sedikit lembut, 3 hingga 5 minit. Bahagikan antara mangkuk.

c) Panaskan baki 1 sudu besar (15 ml) minyak dalam kuali yang sama, masukkan bok choy, dan toskan hingga rata. Masukkan bawang putih dan secubit garam, dan tumis, kacau sekali-sekala, sehingga layu. Masukkan baki ½ sudu besar (7 ml) amino kelapa dan masak 1 minit lebih lama.

d) Untuk menghidangkan, masukkan bok choy dan radicchio ke dalam mangkuk dengan brokoli. Teratas dengan daging lembu, daun bawang, kimchi, dan taugeh, gerimis dengan Sos Miso-Halia, dan taburkan dengan bijan.

19.Babi Dan Kimchi Tumis/Kimchi- Jeyuk

BAHAN-BAHAN:
- 600 g (1 lb 5 oz) bahu babi tanpa tulang
- 3 sudu besar gula
- 350 g (12 oz) kimchi kubis Cina
- 10 cm (4 inci) daun bawang (bahagian putih)
- 50 ml (kurang ¼ cawan) alkohol putih (soju atau gin)
- 40 g (1½ oz) perapan pedas
- 1 sudu besar sos ikan bilis yang diperam

TAUHU
- 200 g (7 oz) tauhu pejal
- 3 sudu besar minyak sayuran neutral
- garam

ARAHAN:

a) Potong daging babi menjadi kepingan nipis menggunakan pisau yang sangat tajam. Ia boleh dibekukan selama 4 jam sebelum dihiris. Perap hirisan daging babi dalam gula selama 20 minit. Potong kubis menjadi jalur lebar 2 cm (¾ inci). Potong daun bawang kepada bahagian tebal 1 cm (½ inci) secara menyerong. Campurkan kimchi, alkohol putih dan perapan pedas dengan daging babi.

b) Panaskan kuali dengan api besar dan tumis campuran daging babi dan kimchi selama 30 minit. Tambah sedikit air semasa memasak jika adunan kelihatan terlalu kering. Masukkan daun bawang dan tumis selama 10 minit lagi. Perasakan dengan sambal ikan bilis yang diperam.

c) Sementara itu, potong tauhu kepada segi empat tepat 1.5 cm (⅝ inci). Panaskan kuali yang disalut dengan minyak sayuran. Goreng dengan api sederhana sehingga semua sisi berwarna keemasan. Gunakan spatula dan sudu untuk memusingkan kepingan tauhu supaya tidak pecah. Perasakan setiap bahagian dengan garam semasa memasak. Selepas masak, biarkan tauhu sejuk di atas tuala kertas.

d) Letakkan sekeping kimchi dan daging babi pada segi empat tepat tauhu dan makan bersama.

20. Mangkuk Daging Lembu Dengan Mee Zucchini Dan Kimchi

BAHAN-BAHAN:
- ¾ cawan (125 g) beras perang
- 2½ cawan (590 ml) air, dibahagikan
- Garam kosher dan lada hitam yang baru dikisar
- 1 cawan (110 g) lobak merah yang dicincang
- 1 cawan (235 ml) cuka beras
- 2 sudu besar (30 ml) tamari
- 2 sudu teh (12 g) madu
- 1 sudu teh (5 ml) minyak bijan panggang
- ¼ sudu teh serpihan lada merah
- 1 paun (455 g) daging lembu kisar
- 2 biji daun bawang, hiris nipis
- 1 sudu besar (15 ml) alpukat atau minyak zaitun extra-virgin
- 6 cawan pek (180 g) bayam bayi
- 2 ulas bawang putih, dikisar
- 8 auns (225 g) mi zucchini
- Kimchi
- 1 resipi Sos Miso-Ginger (halaman 23)
- bijan

ARAHAN:

a) Masukkan beras, 1½ cawan (355 ml) air, dan secubit garam ke dalam periuk sederhana dan biarkan mendidih. Kecilkan api, tutup, dan masak sehingga nasi lembut, kira-kira 40 minit. Keluarkan dari api dan kukus nasi dengan penutup selama 10 minit.

b) Masukkan lobak merah yang dicincang ke dalam mangkuk sederhana. Didihkan cuka, baki 1 cawan (235 ml) air, dan 1 sudu teh (6 g) garam dalam periuk sederhana, kacau untuk melarutkan garam. Tuangkan cecair panas ke atas lobak merah; mengetepikan.

c) Pukul bersama tamari, madu, minyak bijan, dan kepingan lada merah dalam mangkuk kecil; mengetepikan.

d) Panaskan kuali besar di atas api sederhana tinggi. Masukkan daging lembu, perasakan dengan garam dan lada sulah, dan masak, pecahkan daging dengan sudu kayu, sehingga perang dan masak, 6 hingga 8 minit. Masukkan campuran tamari dan daun bawang, dan masak selama 1 minit lebih lama.

e) Sementara itu, panaskan minyak dalam kuali berasingan dengan api sederhana. Masukkan bayam dan bawang putih, dan perasakan dengan secubit garam dan lada sulah. Masak, tos sekali-sekala, sehingga layu, 2 hingga 3 minit.

f) Toskan cecair dari lobak merah. Untuk menghidangkan, bahagikan nasi dan mee zucchini di antara mangkuk. Teratas dengan daging lembu, bayam bawang putih, lobak merah jeruk dan kimchi. Siram dengan Sos Miso-Ginger dan taburkan dengan bijan.

21.Kimchi Fries

BAHAN-BAHAN:
- 4 biji kentang besar, potong kentang goreng
- 2 sudu besar minyak sayuran
- 1 cawan kimchi, toskan dan cincang
- ¼ cawan mayonis
- 1 sudu besar minyak bijan
- 1 sudu besar bijan
- 2 biji bawang hijau, hiris nipis
- Garam dan lada sulah secukup rasa

ARAHAN:
a) Panaskan ketuhar hingga 425°F (220°C) dan alaskan loyang dengan kertas parchment.
b) Dalam mangkuk besar, toskan kentang goreng dengan minyak sayuran, garam, dan lada.
c) Sapukan kentang goreng dalam satu lapisan pada loyang dan bakar selama 25-30 minit, atau sehingga garing.
d) Dalam mangkuk kecil, campurkan mayonis dan minyak bijan.
e) Keluarkan kentang goreng dari ketuhar dan pindahkannya ke hidangan hidangan.
f) Hiaskan kentang goreng dengan kimchi cincang, gerimis dengan bancuhan mayo bijan, dan taburkan dengan bijan dan hirisan bawang hijau.
g) Hidangkan panas dan nikmati rasa unik kentang goreng kimchi.

22. Taco Daging dan Bawang Korea

BAHAN-BAHAN:
- 2 sudu besar gochujang
- 1 sudu besar kicap
- 2 sudu besar bijan
- 2 sudu teh halia segar yang dikisar
- 2 ulas bawang putih, dikisar
- 2 sudu besar minyak bijan bakar
- 2 sudu teh gula
- ½ sudu teh garam halal
- 1½ paun (680 g) ketul daging yang dihiris nipis
- 1 bawang merah sederhana, dihiris
- 6 tortilla jagung, dipanaskan
- ¼ cawan cilantro segar yang dicincang
- ½ cawan kimchi
- ½ cawan bawang hijau dicincang

ARAHAN:
a) Satukan gochujang, kicap, bijan, halia, bawang putih, minyak bijan, gula dan garam dalam mangkuk besar. Kacau hingga sebati.
b) Celupkan ketulan daging lembu ke dalam perapan dan tekan untuk tenggelam, kemudian tutup mangkuk dan sejukkan untuk diperap sekurang-kurangnya 1 jam.
c) Keluarkan ketulan daging lembu dari perapan dan pindahkan ke griddle. Masukkan bawang di atas.
d) Bakar pada 400ºF (205ºC) selama 12 minit.
e) Kacau adunan separuh masa memasak.
f) Buka tortilla di atas permukaan kerja yang bersih, kemudian bahagikan daging lembu goreng dan bawang pada tortilla.
g) Sapukan daun ketumbar, kimchi dan bawang hijau di atasnya.
h) Hidangkan segera.

23.Kimchi Jjigae Korea (Rebus)

BAHAN-BAHAN:
- ½ paun perut babi, dihiris nipis
- 1 biji bawang kecil, hiris nipis
- 3 ulas bawang putih, dikisar
- 2 cawan kimchi, dicincang, dengan jusnya
- 1 blok (kira-kira 14 auns) tauhu lembut, dipotong dadu
- 2 sudu besar gochugaru (serbuk cili Korea)
- 4 cawan air atau sup ayam tanpa garam
- 2 biji bawang hijau, dihiris (untuk hiasan)
- Nasi kukus (untuk hidangan)

ARAHAN:

a) Mulakan dengan menetapkan Periuk Segera anda kepada fungsi "Tumis".
b) Masukkan perut babi yang dihiris nipis dan tumis selama kira-kira 2-3 minit sehingga ia mula perang dan mengeluarkan lemaknya.
c) Masukkan bawang besar yang dihiris nipis dan bawang putih kisar ke dalam Periuk Segera. Tumis selama 2-3 minit lagi sehingga bawang menjadi lut sinar.
d) Masukkan kimchi yang telah dicincang dan jusnya. Tumis selama 2 minit tambahan untuk menggabungkan rasa.
e) Masukkan tauhu lembut kiub ke dalam Periuk Segera, lembut untuk mengelakkan tauhu pecah.
f) Taburkan gochugaru (serbuk cili Korea) ke atas bahan dan campurkan.
g) Tuangkan air atau sup ayam tanpa garam untuk menutup bahan.
h) Tutup penutup Periuk Segera, pastikan injap ditetapkan kepada "Pengedap."
i) Pilih fungsi "Manual" atau "Pressure Cook" pada tekanan tinggi dan tetapkannya selama 5 minit.
j) Selepas kitaran memasak selesai, biarkan tekanan dilepaskan dengan cepat dengan memusingkan injap dengan berhati-hati kepada "Venting."
k) Buka penutup Periuk Segera dengan berhati-hati dan berikan Kimchi Jjigae kacau dengan baik untuk memastikan semua bahan bercampur dengan baik.
l) Jjigae Korea Periuk Segera anda panas, dihiasi dengan bawang hijau cincang.

24. Kimchi Dan Sup Tauhu

BAHAN-BAHAN:
- Minyak sayuran, satu Sudu Besar
- Daun bawang, enam
- Kimchi, separuh cawan
- Air rebusan ayam, satu cawan
- Kicap, tiga Sudu Besar
- Garam dan lada sulah, mengikut rasa
- Pes bawang putih dan halia, satu Sudu Besar
- Tauhu, satu blok
- Daikon, satu

ARAHAN:
a) Panaskan minyak dalam periuk besar di atas api.
b) Masak bahagian putih dan hijau pucat daun bawang, bawang putih, dan halia, kacau selalu, sehingga lembut dan wangi, kira-kira tiga minit.
c) Masukkan air rebusan, kemudian masukkan kicap.
d) Masukkan daikon dan reneh perlahan-lahan sehingga daikon lembut, lima belas minit.
e) Masukkan kimchi dan tauhu.
f) Reneh sehingga tauhu dipanaskan.
g) Bahagikan antara mangkuk dengan teliti.
h) Sup anda sedia untuk dihidangkan.

25. Kimchi Dan Krois Keju Biru

BAHAN-BAHAN:
- ½ hidangan Doh Ibu, kalis
- 105 g tepung, untuk habuk [¼ cawan]
- 1 hidangan Mentega Kimchi
- 200 g keju biru, hancur [7 auns (1 cawan)]
- 1 biji telur
- 4 g air [½ sudu teh]

ARAHAN:

a) Tebuk dan ratakan doh di atas meja yang licin dan kering. Taburkan kaunter, doh dan pin penggelek dengan tepung, dan gulungkan doh ke segi empat tepat kira-kira 8 × 12 inci dan juga dalam ketebalan.

b) Ambil pad mentega dari peti sejuk dan letakkan pada separuh segi empat tepat doh. Lipat separuh lagi segi empat tepat doh di atas pad mentega dan picit bahagian tepinya.

c) Balut dengan bungkus plastik dan biarkan selama 10 minit pada suhu bilik.

d) Untuk membuat croissant, anda perlu meletakkan 3 "double book" bertukar menjadi doh untuk menghasilkan lapisan selang-seli tepung dan mentega yang mencukupi untuk membuat croissant naik dan kembang dalam ketuhar.

e) Untuk membuat buku berganda pertama anda berpusing, taburkan permukaan kaunter anda, pin penggelek anda dan doh dengan tepung, jangan lupa taburkan di bawah doh juga. Canai doh sekali lagi kepada segi empat tepat 8 × 12 inci dan juga dalam ketebalan.

f) Perlahan-lahan menggunakan pin rolling, pastikan tidak pecah ke dalam mana-mana bahagian bundle mentega atau gulung dengan kuat sehingga mentega keluar dari doh. Pastikan tiada banyak tepung yang tertinggal di atas atau di bawah doh anda—buang lebihan dengan tangan anda.

g) Bahagikan doh anda secara visual menjadi empat bahagian. Lipat dua bahagian luar ke paksi tengah, atau tulang belakang, segi empat tepat doh, supaya mereka bertemu di tengah. Kemudian tutup buku itu, bawa satu tepi bertemu dengan yang lain dengan tulang belakang sekarang ke satu sisi. Balut dengan longgar dalam plastik dan pindahkan ke peti sejuk selama 30 minit.

h) Ulang langkah 2 dan 3 dua kali lagi untuk membuat 3 pusingan, setiap kali anda memulakan pusingan, pastikan bahagian tepi atau jahitan doh yang terbuka menghadap ke arah anda. Kadang-kadang kita menulis 1, 2, atau 3 pada plastik yang kita gunakan untuk membungkus doh semasa kita memasukkan selekoh ke dalamnya supaya kita tidak kehilangan kiraan. Jika anda memasukkan terlalu banyak pusingan, ia tidak akan menyakiti doh anda; jika anda melangkau satu, anda akan sangat kecewa dengan croissant badan lembut anda.

i) Untuk pelancaran terakhir dan terakhir anda, taburkan permukaan kaunter anda, pin penggelek anda dan doh anda dengan tepung, jangan lupa taburkan juga di bawah doh. Canai doh ke segi empat tepat dengan ketebalan 8 × 12 inci dan sekata.

j) Dengan pisau pengupas atau pemotong pizza, potong doh menjadi 5 segi tiga, setiap satunya 8 inci panjang dari hujung paling runcing ke tengah sisi di seberangnya dan lebar 4 inci di bahagian bawah.

k) Bahagikan keju biru di antara croissant, letakkan di tengah-tengah hujung bawah lebar setiap segi tiga. Bermula pada hujung keju biru, gunakan satu tangan untuk mula menggulung doh ke arah hujung segi tiga manakala tangan anda yang lain memegang hujung dan perlahan-lahan meregangkannya.

l) Teruskan sehingga segitiga itu digulung sepenuhnya menjadi bentuk bulan sabit. Pastikan hujung segi tiga terselit di bawah badan bulan sabit, atau ia akan terurai di dalam ketuhar. Gulungkan sisa menjadi simpulan croissant kimchi atau buat anak babi dalam selimut!

m) Pindahkan croissant ke dalam loyang beralas kertas, susun 6 inci jaraknya. Tutup sedikit dengan plastik dan biarkan pada suhu bilik untuk menggandakan saiz, kira-kira 45 minit.

n) Panaskan ketuhar hingga 375°F.

o) Pukul telur dan air bersama dalam mangkuk kecil. Sapukan bahagian atas croissant anda dengan pencuci telur, menggunakan berus.

p) Bakar croissant selama 20 hingga 25 minit, atau sehingga saiznya dua kali ganda, karamel di tepi dan mempunyai lapisan luar berkerak yang berbunyi kosong apabila anda mengetuknya. Ia lebih mudah dimakan daripada ketuhar dan lazat pada suhu bilik.

26.Salad Mee Kimchi

BAHAN-BAHAN:
- 1 paun mee beras perang, masak, toskan, dan bilas sehingga sejuk
- 2½ cawan kimchi kubis cincang
- 3 hingga 4 sudu besar gochujang
- 1 cawan taugeh
- 4 biji bawang hijau (bahagian putih dan hijau), dihiris nipis
- 1 timun sederhana, dibelah dua, dibiji dan dihiris nipis
- 2 sudu besar bijan, dibakar

ARAHAN:

a) Letakkan mi beras, kimchi, gochujang, dan taugeh dalam mangkuk besar dan gaul rata.

b) Untuk menghidangkan, bahagikan campuran antara empat pinggan individu dan hiaskan setiap satu dengan bawang hijau, hirisan timun dan biji bijan.

27.Salmon Dan Kimchi Dengan Mayo Poke

BAHAN-BAHAN:
- 2 sudu kecil. sos soya
- 1 sudu kecil. parut halia segar
- 1/2 sudu kecil. bawang putih kisar halus
- kepingan 3/4 inci
- 1 sudu kecil. minyak bijan bakar
- 1/2 c. kimchi cincang
- 1/2 c. daun bawang dihiris nipis (bahagian hijau sahaja)
- Garam secukup rasa

ARAHAN:
a) Dalam mangkuk kecil, satukan kicap, halia, dan bawang putih. Kacau, dan biarkan halia dan bawang putih selama kira-kira 5 minit untuk menjadi lembut.
b) Dalam mangkuk sederhana, toskan salmon dengan minyak bijan sehingga ia bersalut sama rata--ini akan menghalang keasidan dalam kimchi daripada "memasak" ikan. Masukkan kimchi, daun bawang, dan campuran kicap.
c) Lipat perlahan-lahan sehingga sebati. Rasa, dan tambah garam mengikut keperluan; jika kimchi anda sudah berperisa, anda mungkin tidak memerlukan sebarang garam.
d) Hidangkan segera, atau tutup rapat dan sejukkan sehingga sehari. Jika anda membiarkan cucuk perap, rasa sekali lagi sebelum dihidangkan; anda mungkin perlu perasakannya dengan secubit garam.

28.Cucuk Salmon Kimchi

BAHAN-BAHAN:
- 2 sudu kecil. sos soya
- 1 sudu kecil. parut halia segar
- 1/2 sudu kecil. bawang putih kisar halus
- 1 lb salmon, dipotong menjadi kepingan 3/4 inci
- 1 sudu kecil. minyak bijan bakar
- 1/2 c. kimchi cincang
- 1/2 c. daun bawang dihiris nipis (bahagian hijau sahaja)
- Garam secukup rasa

ARAHAN:

a) Dalam mangkuk kecil, satukan kicap, halia segar parut, dan bawang putih cincang. Kacau dan biarkan halia dan bawang putih selama kira-kira 5 minit untuk menjadi lembut.

b) Dalam mangkuk sederhana, toskan salmon dengan minyak bijan panggang sehingga bersalut rata. Ini menghalang keasidan dalam kimchi daripada "memasak" ikan.

c) Masukkan kimchi yang dicincang, daun bawang yang dihiris nipis, dan campuran kicap ke dalam mangkuk dengan salmon. Lipat perlahan-lahan sehingga sebati.

d) Rasa cucuk dan tambah garam mengikut keperluan. Jika kimchi sudah berperisa, anda mungkin tidak memerlukan garam tambahan.

e) Hidangkan segera, atau tutup rapat dan sejukkan sehingga sehari. Jika diperap, rasa sekali lagi sebelum dihidangkan dan sesuaikan garam jika perlu.

29. Mangkuk Poke Bbq Babi Korea

BAHAN-BAHAN:
- 1 lb punggung babi, dihiris nipis
- 1/4 cawan kicap
- 2 sudu besar gochujang (pes lada merah Korea)
- 1 sudu besar minyak bijan
- 1 sudu besar gula perang
- 1 cawan kimchi
- 1 timun, dihiris
- 2 cawan nasi pendek yang dimasak
- Biji bijan untuk hiasan

ARAHAN:
a) Pukul bersama kicap, gochujang, minyak bijan dan gula perang untuk menghasilkan perapan.
b) Perap daging babi yang dihiris nipis dalam adunan selama sekurang-kurangnya 30 minit.
c) Masak daging babi yang diperap dalam kuali panas sehingga perang dan masak.
d) Pasang mangkuk dengan beras bijirin pendek sebagai asas.
e) Teratas dengan daging babi BBQ Korea, kimchi, hirisan timun dan taburkan dengan biji bijan.

30. Gulung Bunga Probiotik

BAHAN-BAHAN:
UNTUK GULING SPRING:
- 8-10 bungkus kertas beras
- 2 cawan campuran sayur-sayuran segar (cth, salad, timun, lobak merah, lada benggala), dihiris
- 1 cawan herba segar (cth, pudina, ketumbar, basil)
- 1 cawan kimchi atau sauerkraut, toskan dan cincang
- 1 cawan protein masak (cth, udang masak, tauhu atau ayam cincang) (pilihan)
- Mee bihun beras, masak dan sejukkan (pilihan)

UNTUK SOS PENCEN:
- ¼ cawan kicap atau tamari (untuk pilihan bebas gluten)
- 2 sudu besar cuka beras
- 1 sudu besar madu atau sirap maple
- 1 ulas bawang putih, dikisar
- ½ sudu teh halia segar parut
- Secubit kepingan lada merah (pilihan, untuk haba)
- Biji bijan atau kacang tanah cincang untuk hiasan (pilihan)

ARAHAN:

a) Julienne campuran sayur-sayuran segar, potong herba dan toskan dan potong kimchi atau sauerkraut. Jika menggunakan protein (udang, tauhu, atau ayam), masak dan sedia. Masak mee bihun jika suka dan biarkan ia sejuk.

b) Isikan hidangan cetek yang besar dengan air suam. Celupkan satu pembungkus kertas beras ke dalam air suam selama kira-kira 10-15 saat atau sehingga ia menjadi lentur.

c) Letakkan pembungkus kertas beras yang telah dilembutkan pada permukaan yang bersih dan rata.

d) Mulakan dengan menambah segenggam kecil sayur-sayuran segar dan herba campuran di tengah-tengah pembalut.

e) Jika anda menggunakan protein atau mi, tambahkannya di atas sayur-sayuran.

f) Sudukan satu atau dua sudu kimchi atau sauerkraut yang dicincang ke atas bahan-bahan lain.

g) Lipat bahagian tepi pembalut kertas beras di atas inti.

h) Mula berguling dari bawah, masukkan inti dengan ketat semasa anda pergi.

i) Gulung sehingga gulungan spring dimeterai dan jahitan berada di bahagian bawah.

j) Teruskan membuat lumpia dengan bahan-bahan yang tinggal.

k) Dalam mangkuk kecil, pukul bersama kicap atau tamari, cuka beras, madu atau sirap maple, bawang putih cincang, halia parut dan kepingan lada merah jika anda mahukan sedikit api.

l) Hidangkan lumpia probiotik dengan sos pencicah di sebelah.

m) Hiaskan dengan bijan atau kacang tanah cincang jika mahu.

31.Kimchi Ramen

BAHAN-BAHAN:
- 8 cawan air
- 4 bungkus mee ramen (buang bungkusan perasa)
- 2 cawan kimchi, dicincang
- 4 cawan sup sayur atau cendawan
- 1 cawan cendawan shitake yang dihiris
- 1 cawan bayi bayam
- 2 biji bawang hijau, dihiris
- 2 sudu besar kicap (atau tamari untuk pilihan bebas gluten)
- 2 sudu besar minyak bijan
- 2 sudu teh cuka beras
- 1 sudu kecil halia parut
- 1 sudu kecil bawang putih dikisar
- ½ sudu teh serpihan lada merah (sesuaikan dengan pilihan rempah anda)
- Telur rebus atau goreng untuk hiasan (pilihan)

ARAHAN:
a) Dalam periuk besar, masak 8 cawan air hingga mendidih. Masukkan mee ramen dan masak mengikut arahan pakej sehingga ia al dente. Toskan dan ketepikan.
b) Dalam periuk yang sama, gabungkan kimchi yang dicincang, sup sayur-sayuran atau cendawan, cendawan shiitake yang dihiris, bayam bayi dan bawang hijau. Bawa adunan hingga mendidih.
c) Dalam mangkuk kecil, pukul bersama kicap, minyak bijan, cuka beras, halia parut, bawang putih cincang dan kepingan lada merah untuk menghasilkan perasa ramen kimchi.
d) Tuangkan bahan perasa ke dalam kuah yang mendidih dan kacau hingga sebati. Reneh selama 5 minit tambahan untuk membenarkan rasa sebati.
e) Bahagikan mee ramen yang dimasak antara empat mangkuk hidangan.
f) Sendukkan kuah ramen kimchi di atas mi.
g) Jika mahu, letakkan setiap mangkuk dengan telur rebus atau goreng untuk menambah protein.
h) Hidangkan Kimchi Ramen anda sebagai makanan keselesaan yang berperisa dan kaya dengan probiotik.

32. Rebusan Sayuran yang ditapai

BAHAN-BAHAN:
- 2 cawan campuran sayur-sayuran yang ditapai (cth, sauerkraut, kimchi, jeruk)
- 1 bawang, dicincang
- 2 lobak merah, potong dadu
- 2 batang saderi, potong dadu
- 2 ulas bawang putih, dikisar
- 6 cawan sup sayur
- 1 tin (14 oz) tomato dipotong dadu
- 1 cawan kacang masak (cth, kacang ginjal, kacang hitam)
- 1 sudu teh thyme kering
- Garam dan lada sulah secukup rasa
- Herba segar untuk hiasan (cth, pasli, dill)

ARAHAN:
a) Dalam periuk sup besar, panaskan sedikit minyak di atas api sederhana. Masukkan bawang besar yang telah dicincang, lobak merah yang dipotong dadu dan saderi yang telah dipotong dadu. Tumis sehingga sayur mula empuk, kira-kira 5 minit.
b) Masukkan bawang putih kisar dan tumis seminit lagi hingga naik bau.
c) Masukkan sayur-sayuran campuran yang ditapai, sup sayur-sayuran, tomato potong dadu (dengan jusnya), kacang masak, dan thyme kering ke dalam periuk. Didihkan adunan.
d) Kecilkan api ke rendah, tutup dan reneh selama kira-kira 20-25 minit untuk membenarkan rasa sebati.
e) Perasakan rebusan dengan garam dan lada sulah secukup rasa.
f) Hiaskan dengan herba segar sebelum dihidangkan.

33. Salad Quinoa Dan Kimchi

BAHAN-BAHAN:
- 1 cawan quinoa, dimasak dan disejukkan
- 1 cawan kimchi, dicincang
- ½ cawan timun, dipotong dadu
- ½ cawan lada benggala merah, dipotong dadu
- 2 biji bawang hijau, dihiris
- 2 sudu besar kicap (atau tamari untuk pilihan bebas gluten)
- 1 sudu besar minyak bijan
- 1 sudu besar cuka beras
- 1 sudu teh madu atau sirap maple
- Biji bijan dan ketumbar cincang untuk hiasan (pilihan)

ARAHAN:
a) Dalam mangkuk adunan yang besar, gabungkan quinoa yang telah dimasak dan disejukkan, kimchi yang dicincang, timun dadu, lada benggala merah yang dihiris dadu dan bawang hijau yang dihiris.
b) Dalam mangkuk yang berasingan, pukul bersama kicap, minyak bijan, cuka beras dan madu (atau sirap maple) untuk membuat pembalut.
c) Tuangkan dressing ke atas campuran quinoa dan kimchi. Gaulkan semuanya sehingga sebati.
d) Tutup salad dan simpan dalam peti sejuk selama sekurang-kurangnya 30 minit untuk membolehkan rasa bercampur.
e) Hiaskan dengan bijan dan ketumbar cincang sebelum dihidangkan.

34.Probiotik Guacamole

BAHAN-BAHAN:
- 3 buah alpukat masak, dikupas dan diadu
- ½ cawan yogurt Yunani biasa (atau alternatif tanpa tenusu)
- ½ cawan tomato potong dadu
- ¼ cawan bawang merah potong dadu
- ¼ cawan cilantro segar yang dicincang
- 1 ulas bawang putih, dikisar
- Jus 1 biji limau purut
- Garam dan lada sulah secukup rasa
- Pilihan: ½ cawan kimchi cincang untuk kebaikan probiotik tambahan

ARAHAN:
a) Dalam mangkuk adunan, tumbuk alpukat masak dengan garpu atau tumbuk kentang sehingga licin atau tahap ketulan yang anda inginkan.
b) Masukkan yogurt Yunani biasa, tomato dadu, bawang merah potong dadu, ketumbar cincang, bawang putih cincang, dan jus limau ke dalam alpukat yang ditumbuk.
c) Gaul semua sehingga sebati.
d) Jika anda ingin menambah tendangan probiotik tambahan, lipatkan kimchi yang telah dicincang.
e) Perasakan Guacamole Probiotik anda dengan garam dan lada sulah secukup rasa.
f) Hidangkan dengan kerepek tortilla, batang sayuran, atau sebagai topping untuk taco dan burrito.

35. Sos Kimchi

BAHAN-BAHAN:
- 1 cawan kepingan cili korea
- ½ cawan air
- 4 sudu besar Pes Bawang Putih
- 2 sudu teh halia segar yang dikisar
- 1 sudu besar garam laut halus
- 2 sudu besar sirap agave

ARAHAN:
a) Letakkan semua bahan dalam mangkuk adunan. Menggunakan spatula getah, gaulkan menjadi pes halus. Pindahkan pes ke dalam balang kaca dengan penutup.
b) Akan disimpan selama 2 bulan di dalam peti sejuk, jika ditutup dalam balang kedap udara.

36.Kimchi Lobak Daikon Kiub

BAHAN-BAHAN:
- 2 paun lobak daikon (2 besar), dihiris menjadi kiub 1 inci
- 2 sudu besar garam laut kasar
- ½ cawan Sos Kimchi
- 4 biji bawang hijau, dihiris panjang 1 inci
- 1 epal kecil, dikupas, dibuang inti dan parut

ARAHAN

a) Letakkan kiub daikon dan daun pilihan dalam mangkuk besar. Taburkan garam laut dan ketepikan pada suhu bilik selama 2 jam untuk layu.

b) Toskan sebarang cecair dari daikon dan letakkan kiub dan daun dalam mangkuk kering. Masukkan Sos Kimchi. Pakai sepasang sarung tangan, kemudian gosok untuk menyalut daikon dengan Sos Kimchi. Masukkan bawang hijau dan epal, dan gaul rata.

c) Letakkan campuran dalam balang kaca 1 liter dan tutup penutup dengan ketat. Biarkan selama satu hari pada suhu bilik untuk jeruk. Sejukkan selepas dibuka.

d) Akan disimpan selama 2 minggu di dalam peti ais.

37.Pancake Sedap

BAHAN-BAHAN:
- 1-1/2 cawan kacang hijau kuning dikuliti
- 1 cawan jus
- 1/4 cawan air
- 3/4 cawan kimchi cincang
- 1/2 cawan taugeh
- 3 biji bawang hijau dihiris, dan potong 3 inci
- 1 sudu besar bawang putih kisar
- 1 sudu besar halia kisar
- 1 sudu besar sos ikan
- 1 sudu besar minyak bijan
- Minyak masak

SOS PENCEN
- 1/2 cawan kicap
- 1/4 cawan cuka beras
- 1 sudu besar minyak bijan
- 1/2 sudu teh gochucharu
- 1/4 sudu kecil bijan
- 1 biji bawang hijau dihiris

ARAHAN:
a) Rendam kacang hijau dalam air semalaman. Letakkan kacang, kimchi, jus, air, bawang putih, halia, sos ikan, dan minyak bijan dalam pengisar.
b) Pukul bahan hingga sebati menjadi adunan. Jangan terlalu sebati : adunan hendaklah kasar dan agak berpasir. Jika terlalu pekat, tambah sedikit lagi air. Masukkan adunan ke dalam mangkuk besar dan campurkan kimchi, taugeh dan bawang hijau. Titiskan adunan secara berkelompok pada kuali yang panas dan berminyak.
c) Goreng pada setiap sisi sehingga keperangan dan garing. Letakkan penkek di atas tuala kertas untuk menyerap lebihan minyak. Makan dengan sos pencicah.

38.Bacon Dan Kimchi Paella Dengan Ayam

BAHAN-BAHAN:
- 1 cawan beras Arborio (atau mana-mana beras bijirin pendek yang sesuai untuk paella)
- 2 dada ayam tanpa tulang tanpa kulit, potong seukuran gigitan
- 4-6 keping bacon, dicincang
- 1 cawan kimchi, dicincang
- 1 biji bawang, dicincang halus
- 2 ulas bawang putih, dikisar
- 1 lada benggala merah, dihiris
- 1 cawan kacang pea beku
- 1 sudu kecil paprika
- ½ sudu teh paprika salai (pilihan)
- ¼ sudu teh benang kunyit (pilihan)
- 2 cawan air rebusan ayam
- ½ cawan wain putih
- Garam dan lada hitam secukup rasa
- 2 sudu besar minyak zaitun
- Pasli segar yang dicincang untuk hiasan

ARAHAN:
a) Mulakan dengan merendam benang kunyit dalam 2 sudu besar air suam dan ketepikan. Ini akan membantu melepaskan rasa dan warnanya.
b) Dalam kuali besar berdasar rata atau kuali paella, panaskan minyak zaitun di atas api yang sederhana tinggi. Masukkan daging cincang dan masak sehingga ia menjadi garing. Keluarkan bacon dari kuali dan ketepikan, biarkan lemak bacon di dalam kuali.
c) Perasakan kepingan ayam dengan garam, lada hitam, dan paprika. Masukkan ayam ke dalam kuali yang sama dan masak sehingga ia keperangan dan masak. Keluarkan ayam dari kuali dan ketepikan.
d) Dalam kuali yang sama, masukkan bawang besar, bawang putih, dan lada benggala merah yang dihiris. Tumis sehingga bawang menjadi lut sinar dan lada menjadi lembut.
e) Masukkan beras Arborio ke dalam kuali dan kacau selama beberapa minit untuk membakar nasi sedikit.
f) Tuangkan wain putih dan masak sehingga kebanyakannya diserap oleh nasi.

g) Masukkan kimchi yang dicincang dan bacon yang telah dimasak ke dalam kuali, dan campurkan semuanya.
h) Masukkan benang kunyit bersama cecair rendaman, paprika salai (jika guna), dan 1 cawan air rebusan ayam. Kacau hingga sebati.
i) Teruskan memasak paella dengan api sederhana, tambahkan lebih banyak sup ayam mengikut keperluan dan kacau sekali-sekala. Beras harus menyerap cecair dan menjadi berkrim, sambil mengekalkan sedikit gigitan (al dente). Ini perlu mengambil masa kira-kira 15-20 minit.
j) Dalam beberapa minit terakhir memasak, masukkan kacang polong beku dan ayam yang dimasak kembali ke dalam kuali. Kacau sehingga kacang dipanaskan.
k) Rasa paella dan sesuaikan perasa dengan garam dan lada hitam mengikut keperluan.
l) Setelah nasi masak sepenuhnya, dan cecair kebanyakannya diserap, keluarkan paella dari api dan biarkan ia berehat selama beberapa minit sebelum dihidangkan.
m) Hiaskan dengan pasli segar yang dicincang dan sajikan Bacon dan Kimchi Paella anda dengan Ayam panas.

39. Daging Korea Dan Keju Bakar Kimchi

BAHAN-BAHAN:
- 8 auns daging lembu masak ala Korea (bulgogi), dihiris nipis
- 4 keping keju provolone
- ½ cawan kimchi, toskan dan cincang
- 4 keping roti
- Mentega untuk penyebaran

ARAHAN:
a) Mentega sebelah setiap kepingan roti.
b) Letakkan sekeping keju provolon pada bahagian sekeping roti tanpa mentega.
c) Teratas dengan lapisan daging lembu yang dimasak ala Korea.
d) Sapukan lapisan kimchi cincang di atas daging lembu.
e) Tutup dengan satu lagi kepingan keju provolone dan satu lagi keping roti (diteupkan mentega ke atas).
f) Ulang untuk baki hirisan roti dan inti.
g) Panaskan kuali di atas api sederhana dan letakkan sandwic di atasnya.
h) Masak sehingga roti berwarna perang keemasan dan keju cair, terbalikkan separuh.
i) Keluarkan dari api, potong separuh, dan hidangkan panas.

40. Brisket Korea Dan Burger Kimchi

BAHAN-BAHAN:
- 500g daging lembu, cincang
- 125g bintik, kulit dikeluarkan, cincang
- ⅓ cawan (80ml) kicap ringan
- Minyak bunga matahari, untuk memberus
- 6 biji bawang besar, bahagian hijau tua dihiris nipis, bahagian pucat dibelah dua
- 2 biji capsicum hijau, dibelah empat memanjang
- 6 roti burger brioche, belah, sapu minyak, tabur bijan hitam
- Kewpie mayonis dan gochujang (pes cili Korea), untuk dihidangkan

UNTUK KIMCHI CEPAT:
- ¼ cawan (55g) garam
- ⅓ kubis Cina (wombok), dihiris
- 4 ulas bawang putih, ditumbuk
- ¼ cawan (55g) gula kastor
- 2 sudu besar sos ikan
- 1 sudu besar cili kering

ARAHAN:
a) Satukan brisket cincang, bintik cincang, dan 2 sudu besar kicap. Bentuk adunan menjadi 6 biji dan ratakan. Sapu patties dengan baki 2 sudu besar kicap. Sejukkan mereka selama 30 minit.
b) Dalam mangkuk, satukan garam, hirisan kubis Cina, dan 2 cawan (500ml) air panas. Tutup dan ketepikan selama 15 minit. Bilas dan toskan kubis. Masukkan hirisan daun bawang dan baki bahan kimchi.
c) Panaskan kuali chargrill dengan api besar dan sapu dengan minyak. Masak capsicum dan bawang merah pucat separuh selama 2-3 minit atau sehingga ia menjadi lembut. Keluarkan dan ketepikan.
d) Sapu loyang dengan sedikit minyak lagi. Masak patties selama 2 minit pada setiap sisi. Kecilkan api kepada sederhana dan masak selama 3 minit lagi pada setiap sisi atau sehingga mereka hangus dan masak.

HIMPUNKAN BURGER:
e) Sapukan asas bun dengan mayonis. Hiaskan dengan capsicum, patties, pes cili, daun bawang, kimchi dan penutup sanggul. Hidangkan Brisket Korea dan Kimchi Burger anda yang lazat!
f) Nikmati gabungan perisa yang unik dalam burger ini!

41. Gulung Bunga Kimchee Curl Soya

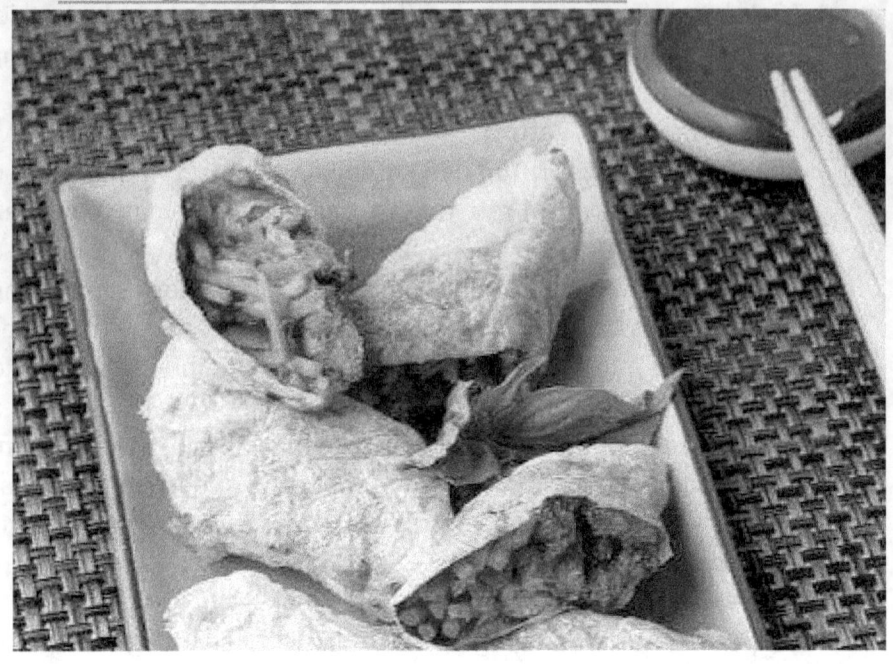

BAHAN-BAHAN:
- 1 cawan Soy Curl Fries atau jalur ayam beku vegan
- 1 lobak merah kecil
- 4 helai daun selasih segar
- 1/2 cawan kimchee vegan buatan sendiri atau dibeli di kedai
- 4 (6 hingga 8 1/2 inci) helaian kertas beras
- 2 hingga 3 spritzes minyak kanola

ARAHAN:
a) Sediakan Kentang Keriting Soya. Jika anda menggunakan jalur ayam vegan, cairkannya dan potong separuh memanjang.
b) Potong lobak merah menjadi batang mancis dan bahagikan batang mancis kepada empat bahagian.
c) Celupkan 1 helai kertas beras dalam air suam selama 5 saat atau sehingga basah. Letakkan kertas beras lembap di atas permukaan kerja dan biarkan selama 30 saat atau sehingga lentur. Letakkan 1 helai daun selasih di atas kertas nasi. Tambah satu perempat daripada batang mancis lobak merah, 2 sudu besar kimchee, dan 1/4 cawan Kentang Keriting Soya.
d) Gulungkan kertas beras dengan menarik tepi dari papan pemotong. Gulungkan inti sambil kumpul dan selitkan inti di bawah pembalut, gulung sehingga anda sampai ke penghujung kertas. Ulangi proses ini sehingga anda telah mencipta 4 lumpia.
e) Sembur 1 hingga 2 spritzes minyak kanola pada bakul penggoreng udara. Letakkan lumpia dalam bakul fryer dan siram bahagian atas gulung dengan baki 1 hingga 2 minyak spritzes. Masak pada 400°F selama 6 minit, goncang separuh masa memasak.

42.Ramen Kimchi Satu Periuk

BAHAN-BAHAN:
- 8 auns perut babi (tanpa kulit), dihiris

UNTUK PERAPAN BABI:
- 3 ulas bawang putih, dikisar
- 1 sudu besar halia segar, dikisar
- 1 sudu besar sherry
- 1 sudu besar kicap

UNTUK RAMEN KIMCHI:
- 4 biji telur rebus lembut, dibelah dua
- ½ bawang sederhana, dihiris nipis
- 1 cawan cendawan shiitake, dihiris
- Setengah blok tauhu pejal, dihiris
- 4 auns cendawan enoki
- 4 baby bok choy, dibelah dua
- 1 cawan kimchi, dibungkus padat
- ½ cawan jus kimchi
- 4 cawan Sup Tulang Ayam (2 karton)
- 2 sudu besar pes lada merah pedas
- 1 sudu besar serbuk lada merah Korea
- 2 bungkus ramen
- Bawang hijau dicincang untuk hiasan

ARAHAN:

a) Satukan semua bahan untuk perapan daging babi dalam mangkuk sederhana.

b) Potong hirisan perut babi menjadi kepingan sepanjang 2 inci. Masukkan daging babi ke dalam perapan. Kacau rata dan ketepikan.

c) Dalam periuk kecil, masak 2 cawan air hingga mendidih. Berhati-hati meletakkan telur ke dalam air mendidih. Biarkan mereka masak selama 5 minit. Cedok telur dari periuk dan masukkan ke dalam air sejuk.

d) Sementara itu, hiris bawang, cendawan shiitake, dan tauhu; bersihkan cendawan enoki dan potong hujungnya; basuh baby bok choy dan belah dua. Ketepikan semua bahan yang telah disediakan .

e) Dalam periuk sederhana, masak perut babi yang diperap di atas api sederhana tinggi selama kira-kira 2 minit, kacau selalu.

f) Masukkan bawang besar dan kimchi. Tumis hingga naik bau, lebih kurang 2 minit.

g) Masukkan jus kimchi, sup, pes lada merah, serbuk lada merah dan biarkan mendidih.

h) Setelah asas Sup Kuah mendidih, masukkan ramen dan cendawan shiitake. Biarkan ia masak selama 3 minit.

i) Masukkan tauhu, cendawan enoki , dan bok choy dan masak selama 2 minit atau sehingga ramen lembut. Tutup api.

j) Kupas telur dan potong separuh.

k) Hidangkan ramen kimchi dan hidangkan bersama telur separuh. Hiaskan dengan bawang hijau yang dihiris.

43. Nasi Goreng Kimchi

BAHAN-BAHAN:
- 2 cawan beras perang masak
- 1 cawan kimchi, dicincang
- 1 lobak merah, potong dadu halus
- 1 cawan bayam, dicincang
- 2 sudu besar kicap
- 1 sudu besar minyak bijan
- 1 biji bawang hijau, dihiris

ARAHAN:
a) Dalam kuali, tumis lobak merah hingga empuk. Masukkan bayam dan masak hingga layu.
b) Masukkan kimchi ke dalam kuali dan tumis selama 2 minit.
c) Masukkan nasi masak, kicap, dan minyak bijan. Kacau rata hingga sebati.
d) Hiaskan dengan hirisan bawang hijau dan hidangkan panas.

44. Kimchi Slaw

BAHAN-BAHAN:
- 2 cawan kubis Napa yang dicincang
- 1 cawan lobak merah yang dicincang
- 1/2 cawan kimchi, dicincang
- 2 sudu besar cuka beras
- 1 sudu besar minyak bijan
- 1 sudu besar madu
- Biji bijan untuk hiasan

ARAHAN:

a) Dalam mangkuk besar, satukan kubis yang dicincang, lobak merah dan kimchi.

b) Dalam mangkuk yang berasingan, pukul bersama cuka beras, minyak bijan, dan madu. Tuangkan ke atas slaw dan toskan hingga sebati.

c) Hiaskan dengan bijan sebelum dihidangkan.

45. Kimchi Quesadillas

BAHAN-BAHAN:
- Tortilla tepung
- 1 cawan kimchi, dicincang
- 1 cawan keju cheddar yang dicincang
- 1/2 cawan ayam masak dan cincang (pilihan)
- 2 sudu besar krim masam (untuk hidangan)

ARAHAN:
a) Letakkan tortilla pada kuali yang dipanaskan.
b) Taburkan lapisan keju cheddar, masukkan kimchi cincang, dan ayam (jika guna). Teratas dengan lapisan keju lagi dan letakkan satu lagi tortilla di atasnya.
c) Masak sehingga keju cair dan tortilla berwarna perang keemasan di kedua-dua belah.
d) Potong ke dalam baji dan hidangkan dengan sedikit krim masam.

46.Roti Bakar Avokado Kimchi

BAHAN-BAHAN:
- 4 keping roti bijirin penuh
- 1 buah alpukat masak, tumbuk
- 1 cawan kimchi, toskan dan cincang
- Biji bijan untuk hiasan
- Serpihan lada merah (pilihan)

ARAHAN:
a) Bakar hirisan roti mengikut citarasa anda.
b) Sapukan alpukat tumbuk rata pada setiap kepingan.
c) Teratas dengan kimchi cincang dan taburkan bijan (dan kepingan lada merah jika anda suka sedikit panas).

47. Tumis Tauhu Kimchi

BAHAN-BAHAN:
- 1 blok tauhu pejal, dipotong dadu
- 1 cawan kimchi, dicincang
- 1 cawan kuntum brokoli
- 1 lada benggala, dihiris
- 2 sudu besar kicap
- 1 sudu besar minyak bijan
- 1 sudu besar madu
- Nasi masak untuk dihidangkan

ARAHAN:
a) Dalam kuali, tumis tauhu hingga perang keemasan. Masukkan brokoli dan lada benggala.
b) Masukkan kimchi cincang dan masak selama 2-3 minit tambahan.
c) Dalam mangkuk kecil, campurkan kicap, minyak bijan, dan madu. Tuangkan ke atas adunan tauhu dan sayur.
d) Hidangkan di atas nasi yang telah dimasak.

48. Kimchi Hummus

BAHAN-BAHAN:
- 1 tin (15 oz) kacang ayam, toskan dan bilas
- 1/2 cawan kimchi, dicincang
- 2 sudu besar tahini
- 2 ulas bawang putih
- 3 sudu besar minyak zaitun
- Jus 1 lemon
- Garam dan lada sulah secukup rasa

ARAHAN:
a) Dalam pemproses makanan, gabungkan kacang ayam, kimchi, tahini, bawang putih, minyak zaitun dan jus lemon.
b) Kisar sehingga rata, kikis bahagian tepi mengikut keperluan.
c) Perasakan dengan garam dan lada sulah secukup rasa. Hidangkan dengan kerepek pita atau batang sayur.

49. Kimchi Sushi Rolls

BAHAN-BAHAN:
- helaian Nori
- Nasi sushi masak
- 1 cawan kimchi, dicincang
- Avokado dihiris
- Timun dihiris
- Kicap untuk celup

ARAHAN:
a) Letakkan sehelai nori di atas tikar sushi buluh.
b) Sapukan lapisan nasi sushi di atas nori , meninggalkan sempadan kecil di bahagian atas.
c) Tambah sebaris kimchi cincang, alpukat yang dihiris, dan timun.
d) Gulung sushi dengan ketat dan potong menjadi kepingan bersaiz gigitan. Hidangkan bersama kicap.

50. Kimchi Deviled Eggs

BAHAN-BAHAN:
- 6 biji telur rebus, dikupas dan dibelah dua
- 1/4 cawan kimchi, dicincang halus
- 2 sudu besar mayonis
- 1 sudu teh mustard Dijon
- Garam dan lada sulah secukup rasa
- Paprika untuk hiasan

ARAHAN:
a) Keluarkan kuning telur dan tumbuk dalam mangkuk.
b) Campurkan kimchi cincang, mayonis, mustard Dijon, garam dan lada sulah.
c) Sudukan semula adunan ke dalam bahagian putih telur.
d) Taburkan paprika dan sejukkan sebelum dihidangkan.

51.Salad Kimchi Caesar

BAHAN-BAHAN:
- Selada romaine, dicincang
- 1 cawan kimchi, dicincang
- Crouton
- Keju Parmesan yang dicukur
- berpakaian Caesar

ARAHAN:
a) Dalam mangkuk besar, gabungkan salad romaine dan kimchi yang dicincang.
b) Masukkan crouton dan keju Parmesan yang dicukur.
c) Gaulkan dengan sos Caesar kegemaran anda dan hidangkan segera.

52. Kimchi Guacamole

BAHAN-BAHAN:
- 3 biji alpukat masak, tumbuk
- 1 cawan kimchi, dicincang
- 1/4 cawan bawang merah, dihiris halus
- 1 biji limau nipis, dijus
- Garam dan lada sulah secukup rasa
- Kerepek tortilla untuk dihidangkan

ARAHAN:
a) Dalam mangkuk, tumbuk alpukat.
b) Masukkan kimchi cincang, bawang merah, jus limau nipis, garam dan lada sulah. Gaul sebati.
c) Hidangkan kimchi guacamole dengan kerepek tortilla.

53. Lempeng Kimchi/ Kimchijeon

BAHAN-BAHAN:
- 500 g (1 lb 2 oz) kimchi kubis Cina
- 2 sudu teh gochugaru serbuk cili
- 2 sudu besar sos ikan bilis yang diperam
- 650 g (1 lb 7 oz) adunan lempeng Korea
- Minyak sayuran neutral

ARAHAN:

a) Potong kimchi menjadi kepingan kecil dengan gunting dan letakkan dalam mangkuk tanpa mengeringkan jus. Tambah gochugaru serbuk cili dan sambal ikan bilis yang diperam. Masukkan adunan pancake dan gaul rata.

b) Salutkan kuali dengan minyak sayuran dan panaskan dengan api yang tinggi. Sapukan lapisan nipis adunan kimchi di bahagian bawah kuali. Menggunakan spatula, angkat adunan dari bahagian bawah kuali dengan segera untuk mengelakkan ia melekat. Sebaik sahaja bahagian tepi mula menjadi perang dan permukaannya menjadi sedikit, terbalikkan pancake.

c) Masak sebelah lagi dengan api yang tinggi selama 4 minit tambahan. Ulang untuk setiap pancake.

d) Nikmati dengan sos lempeng Korea atau acar kicap bawang.

54. Salad Kubis Cina Dengan Sos Kimchi

BAHAN-BAHAN:
- 600 g (1 lb 5 oz) kubis Cina
- 50 g (1¾ oz) garam laut kasar
- 1 liter (4 cawan) air
- 4 batang kucai bawang putih (atau 2 batang daun bawang/bawang merah, tiada mentol)
- 1 lobak merah
- 1 sudu besar gula
- 50 g (1¾ oz) perapan pedas
- 2 sudu besar sos ikan bilis yang diperam
- ½ sudu besar bijan
- Garam laut

ARAHAN:
a) Potong kubis Cina menjadi kepingan bersaiz besar. Larutkan garam di dalam air dan rendamkan kubis. Biarkan berehat selama 1½ jam.
b) Potong daun kucai menjadi kepingan 5 cm (2 inci). Parut lobak merah.
c) Toskan kubis. Bilas tiga kali berturut-turut, kemudian biarkan mengalir selama 30 minit.
d) Campurkan dengan gula, perapan pedas, sos ikan bilis yang diperam, lobak merah dan daun kucai.
e) Sesuaikan perasa dengan garam laut. Taburkan dengan bijan.

ACAR KUBIS

55. Kobis Acar Klasik

BAHAN-BAHAN:
- 1 kobis bersaiz sederhana, dihiris nipis
- 1 cawan cuka putih
- 1 cawan air
- 1/4 cawan gula
- 1 sudu besar garam
- 1 sudu kecil biji sawi
- 1 sudu kecil biji saderi
- 1 sudu kecil kunyit

ARAHAN:
a) Dalam periuk, satukan air, cuka, gula, garam, biji sawi, biji saderi, dan kunyit.
b) Didihkan adunan, kacau hingga gula dan garam larut.
c) Letakkan kobis yang dihiris nipis dalam mangkuk besar.
d) Tuangkan air garam panas ke atas kubis, pastikan ia terendam sepenuhnya.
e) Biarkan kubis jeruk sejuk ke suhu bilik sebelum memindahkannya ke balang yang disterilkan.
f) Sejukkan sekurang-kurangnya 24 jam sebelum dihidangkan.

56. Piccalilli

BAHAN-BAHAN:
- 6 cawan tomato hijau dicincang
- 1 1/2 cawan lada hijau , dicincang
- 7 1/2 cawan kubis cincang
- 1/2 cawan garam jeruk
- 1 1/2 cawan lada merah manis , dicincang
- 2 1/4 cawan bawang cincang
- 3 Sudu besar rempah jeruk campuran keseluruhan
- 4 1/2 cawan cuka 5%.
- 3 cawan gula perang

ARAHAN:
a) Gaulkan sayur dengan 1/2 cawan garam.
b) Tutup dengan air panas dan biarkan selama 12 jam. longkang .
c) Ikat rempah dalam beg rempah dan tambah cuka dan gula yang digabungkan dan panaskan sehingga mendidih.
d) Tambah sayur-sayuran dan rebus perlahan-lahan selama 30 minit; keluarkan beg rempah.
e) Isi balang steril panas, dengan campuran panas, tinggalkan 1/2 inci ruang .
f) Lepaskan gelembung udara.
g) Tutup balang dengan ketat, kemudian panaskan selama 5 minit dalam tab mandi air.

57. Sauerkraut asas

BAHAN-BAHAN:
- 25 lbs. Kobis , dibilas dan dicincang
- 3/4 cawan garam jeruk

ARAHAN:
a) Masukkan kubis ke dalam bekas dan masukkan 3 sudu besar garam.
b) Gaul menggunakan tangan yang bersih.
c) Pek sehingga garam mengeluarkan jus dari kubis.
d) Tambah pinggan dan pemberat; tutup bekas dengan tuala mandi yang bersih.
e) Simpan pada 70° hingga 75°F selama 3 hingga 4 minggu .

58. Kobis Acar Asia Pedas

BAHAN-BAHAN:
- 1 kobis kecil, dicincang
- 1 cawan cuka beras
- 1/2 cawan kicap
- 2 sudu besar gula
- 2 ulas bawang putih, dikisar
- 1 sudu besar halia, parut
- 1 sudu kecil serpihan lada merah

ARAHAN:
a) Satukan cuka beras, kicap, gula, bawang putih kisar, halia parut, dan kepingan lada merah dalam mangkuk.
b) Gaul rata sehingga gula larut.
c) Letakkan kubis yang dicincang dalam balang besar dan tuangkan cecair ke atasnya.
d) Tutup balang dan sejukkan selama sekurang-kurangnya 2 jam sebelum dihidangkan.

59. Acar Cuka Epal Kubis

BAHAN-BAHAN:
- 1 kepala kecil kobis merah, dihiris nipis
- 1 cawan cuka epal
- 1/2 cawan air
- 2 sudu besar madu
- 1 sudu besar garam
- 1 sudu kecil lada hitam keseluruhan
- 2 daun salam

ARAHAN:
a) Dalam periuk, satukan cuka sari apel, air, madu, garam, lada dan daun bay.
b) Bawa adunan hingga mendidih, kacau sehingga madu dan garam larut.
c) Letakkan hirisan kubis dalam mangkuk besar dan tuangkan air garam panas ke atasnya.
d) Biarkan ia sejuk, kemudian pindahkan kubis jeruk ke dalam balang dan sejukkan sekurang-kurangnya 4 jam sebelum dihidangkan.

60. Kubis Acar Dill Dan Bawang Putih

BAHAN-BAHAN:
- 1 kobis hijau sederhana, dicincang
- 1 1/2 cawan cuka putih
- 1 cawan air
- 3 sudu besar gula
- 2 sudu besar garam
- 3 ulas bawang putih, ditumbuk
- 2 sudu besar dill segar, dicincang

ARAHAN:
a) Dalam periuk, satukan cuka putih, air, gula, garam, bawang putih yang dihancurkan, dan dill cincang.
b) Panaskan adunan sehingga gula dan garam larut.
c) Letakkan kubis yang dicincang dalam balang besar dan tuangkan air garam panas ke atasnya.
d) Biarkan ia sejuk, kemudian sejukkan selama sekurang-kurangnya 12 jam sebelum dinikmati.

MASAK DENGAN KUBIS

61. Coleslaw Kobis Merah

BAHAN-BAHAN:
- ½ kepala kubis merah, dihiris nipis
- 2 lobak merah, parut
- ½ cawan mayonis
- 2 sudu besar mustard Dijon
- 2 sudu besar cuka epal
- 1 sudu besar madu
- Garam dan lada sulah secukup rasa
- Pasli segar yang dicincang untuk hiasan

ARAHAN:
a) Dalam mangkuk besar, satukan kubis merah dan lobak merah parut.
b) Dalam mangkuk yang berasingan, pukul bersama mayonis, mustard Dijon, cuka sari apel, madu, garam dan lada sulah.
c) Tuangkan dressing ke atas adunan kubis dan toskan hingga berlapis.
d) Hiaskan dengan pasli cincang sebelum dihidangkan.

62. Suey Chicken Chop Fijian

BAHAN-BAHAN:
- 1 paun dada atau peha ayam tanpa tulang tanpa kulit, dihiris nipis
- 2 sudu besar minyak sayuran
- 1 biji bawang, dihiris
- 2 ulas bawang putih, dikisar
- Sekeping 1 inci halia segar, parut
- 1 cawan hirisan kubis
- 1 cawan lobak merah yang dihiris
- 1 cawan lada benggala yang dihiris (merah, hijau atau kuning)
- 1 cawan bunga brokoli yang dihiris
- ¼ cawan kicap
- 2 sudu besar sos tiram
- 1 sudu besar tepung jagung, dilarutkan dalam 2 sudu besar air
- Nasi putih masak, untuk dihidangkan

ARAHAN:
a) Dalam kuali atau kuali besar, panaskan minyak sayuran di atas api yang sederhana tinggi.
b) Masukkan ayam yang telah dihiris dan tumis hingga masak dan agak keperangan. Keluarkan ayam dari kuali dan ketepikan.
c) Dalam kuali yang sama, tambah sedikit lagi minyak jika perlu, dan tumis bawang besar yang dihiris, bawang putih yang dikisar, dan halia parut sehingga wangi dan bawang menjadi lut sinar.
d) Masukkan hirisan kubis, lobak merah, lada benggala, dan brokoli ke dalam kuali. Tumis sayur-sayuran selama beberapa minit sehingga ia empuk.
e) Kembalikan ayam yang telah dimasak ke dalam kuali dan campurkan dengan sayur-sayuran.
f) Dalam mangkuk kecil, campurkan kicap dan sos tiram. Tuangkan sos ke atas ayam dan sayur-sayuran, dan gaulkan semuanya sehingga bersalut dengan baik.
g) Masukkan bancuhan tepung jagung untuk memekatkan sedikit sos.
h) Hidangkan Fijian Chicken Chop Suey di atas nasi putih yang telah dimasak untuk hidangan yang lazat dan mengenyangkan.

63. Kobis Putih Dan Kentang

BAHAN-BAHAN:
- 1 kobis putih (anggaran 2kg)
- 4 lobak merah (dikupas)
- 3 biji bawang putih
- 1 lada hijau
- 6 biji kentang besar (dikupas kulit)
- 3 ulas bawang putih
- 2 sudu teh minyak sayuran
- 3 sudu teh garam
- 3 biji cili hijau

ARAHAN:
a) Basuh dan potong kasar kubis, lobak merah, bawang besar, lada hijau dan kentang menjadi kepingan.
b) Kupas dan cincang halus bawang putih.
c) Letakkan kubis ke dalam kuali besar dengan penutup di atas api sederhana.
d) Selepas 5 minit tambah sedikit air untuk mengelakkan kubis melekat pada kuali.
e) Selepas 10 minit apabila kubis empuk sedikit masukkan lobak merah dan kacau minyak.
f) Selepas 10 minit masukkan bawang.
g) Selepas 5 minit masukkan bawang putih.
h) Biarkan api perlahan di atas dapur selama 10 minit sehingga semua sayur masak dan lembut. Masukkan cili dan lada sulah. Campurkan dengan teliti dan masak selama 5 minit.
i) Masukkan garam.

64. Tostadas Sayuran Hijau

BAHAN-BAHAN:
- 6 tortilla jagung (5 inci setiap satu)
- 2 sudu besar minyak zaitun dara tambahan, dibahagikan
- 1 cawan zucchini potong dadu
- 1 cawan asparagus potong dadu
- ½ cawan lada benggala hijau dipotong dadu
- ¼ cawan jagung beku
- 1 cawan kobis yang dicincang
- 2 biji bawang hijau, potong dadu
- Segenggam ketumbar, dicincang kasar
- Garam laut dan lada hitam
- Krim masam gajus dan tomatillo salsa disediakan untuk dihidangkan

ARAHAN:
a) Panaskan ketuhar anda hingga 400°F. Sapu tortilla jagung dengan satu sudu minyak zaitun dan taburkannya dengan garam laut. Letakkannya di atas kepingan biskut dan bakar sehingga ia menjadi garing, yang biasanya mengambil masa kira-kira 10 minit.
b) Dalam kuali, panaskan baki sudu minyak zaitun di atas api yang sederhana tinggi. Masukkan zucchini dadu, asparagus, lada benggala, dan jagung ke dalam kuali. Tumis sehingga ia sedikit lembut, yang sepatutnya mengambil masa kira-kira 3 minit. Kemudian, masukkan kobis yang dicincang ke dalam kuali dan tumis selama 2 minit lagi. Perasakan adunan dengan garam dan lada sulah secukup rasa dan tutup api.
c) Bahagikan sayur tumis sama rata di antara tortilla rangup. Taburkan mereka dengan bawang hijau dipotong dadu dan ketumbar cincang kasar. Siram setiap satu dengan krim masam gajus dan tomatillo salsa.
d) Nikmati Tostadas Sayuran Hijau anda!

65.Chard Dan Brokoli

BAHAN-BAHAN:
- 1 kepala brokoli bersaiz kecil, dipecahkan menjadi kuntum
- 1 kobis merah kepala bersaiz kecil
- ½ sudu teh serbuk Maca
- 3 helai daun Swiss chard yang besar, dikoyakkan

ARAHAN:
a) Proseskan kubis dan brokoli melalui pemerah jus.
b) Masukkan bahan-bahan lain ke dalam pemerah jus anda.
c) Satukan jus dengan teliti. Akhir sekali, hidangkan jus di atas ais hancur jika anda mahu.

66. Lobak Kubis Slaw

BAHAN-BAHAN:
- 1 tandan lobak, dipotong dan dihiris nipis
- ½ kobis merah kecil, dihiris nipis
- 1 lobak merah, parut
- ¼ cawan mayonis
- 1 sudu besar cuka epal
- 1 sudu teh madu
- Garam dan lada sulah secukup rasa

ARAHAN:
a) Dalam mangkuk besar, satukan lobak, kubis merah dan lobak merah.
b) Dalam mangkuk kecil, pukul bersama mayonis, cuka sari apel, madu, garam dan lada sulah.
c) Tuangkan dressing ke atas sayur-sayuran dan toskan sehingga bersalut.
d) Sejukkan sekurang-kurangnya 30 minit sebelum dihidangkan.

67. Salad Pelangi Dengan Kubis

BAHAN-BAHAN:
- Pakej 5 auns salad butterhead
- arugula pakej 5 auns
- Pakej 5 auns campuran Pedas Mikrohijau
- 1 lobak ungu dihiris nipis
- 1/2 cawan kacang snap, dihiris nipis
- 1 lobak hijau, dihiris nipis
- 1/4 cawan kobis merah, dicincang
- 2 biji bawang merah, potong cincin
- 1 biji lobak tembikai, dihiris nipis
- 2 oren darah, dibahagikan
- 3 lobak merah pelangi, dicukur menjadi reben
- 1/2 cawan jus oren darah
- 1/2 cawan minyak zaitun extra virgin
- 1 sudu besar cuka wain merah
- 1 sudu besar oregano kering
- 1 sudu besar madu
- Garam dan lada sulah, secukup rasa
- untuk hiasan Bunga yang Boleh Dimakan

ARAHAN:
a) Campurkan minyak zaitun, cuka wain merah, dan oregano dalam bekas. Masukkan bawang merah dan biarkan untuk diperap sekurang-kurangnya 2 jam di atas kaunter.
b) Ketepikan bawang merah.
c) Dalam balang, pukul bersama jus oren, minyak zaitun, madu, dan sedikit garam dan lada sehingga pekat dan licin. Perasakan dengan garam dan lada sulah secukup rasa.
d) Masukkan campuran pedas mikrohijau, salad dan arugula dengan kira-kira ¼ cawan vinaigrette dalam mangkuk adunan yang sangat besar.
e) Satukan bahagian lobak merah, kacang, bawang merah, dan oren dengan separuh daripada lobak.
f) Pasang semuanya dan tambahkan vinaigrette tambahan dan bunga yang boleh dimakan hingga selesai.

68. Microgreens & Salad Kacang Salji

BAHAN-BAHAN:
VINAIGRETTE
- 1 sudu teh sirap maple
- 2 sudu teh jus limau nipis
- 2 sudu besar cuka balsamic putih
- 1 ½ cawan strawberi dipotong dadu
- 3 sudu besar minyak zaitun

SALAD
- 2 biji lobak, dihiris nipis
- 6 auns mikrohijau kubis
- 12 biji kacang salji, dihiris nipis
- Strawberi yang dibelah dua, bunga yang boleh dimakan dan tangkai herba segar, untuk hiasan

ARAHAN:
a) Untuk membuat vinaigrette, pukul bersama strawberi, cuka, dan sirap maple dalam hidangan adunan. Tapis cecair dan masukkan jus limau nipis dan minyak.
b) Perasakan dengan garam dan lada sulah.
c) Untuk membuat salad, gabungkan sayur-sayuran mikro, kacang salji, lobak, strawberi yang disimpan dan ¼ cawan vinaigrette dalam mangkuk adunan yang besar.
d) Tambah separuh strawberi, bunga yang boleh dimakan, dan tangkai herba segar sebagai hiasan.

69. Salad Delima Pahit Manis

BAHAN-BAHAN:

PERSALINAN:
- 2 sudu besar jus lemon
- ½ cawan jus oren darah
- ¼ cawan sirap maple

SALAD:
- ½ cawan Kubis Mikrohijau segar yang dipotong segar
- 1 radicchio kecil, dikoyakkan kepada saiz gigitan s
- ½ cawan kobis ungu, dihiris nipis
- ¼ bawang merah kecil, dicincang halus
- 3 biji lobak, dipotong menjadi kepingan nipis
- 1 darah oren, dikupas, diadu dan dibahagikan
- garam dan lada sulah secukup rasa
- ⅓ cawan keju ricotta
- ¼ cawan kacang pain, dibakar
- ¼ cawan biji delima
- 1 Sudu besar minyak zaitun

ARAHAN:

PERSALINAN:
a) Rebus semua bahan sos perlahan selama 20-25 minit.
b) Benarkan sejuk sebelum dihidangkan.

SALAD:
c) Satukan radicchio, kubis, bawang, lobak, dan mikrohijau dalam mangkuk adunan.
d) Gaul perlahan dengan garam, lada sulah dan minyak zaitun.
e) Di atas pinggan hidangan, taburkan satu sudu kecil keju ricotta.
f) Teratas dengan kacang pain dan biji delima dan gerimis dengan sirap oren darah.

70. Salad Kekasih Salmon Sejuk

BAHAN-BAHAN:
- 1 paun Salmon raja atau coho yang dimasak; pecah berkeping-keping
- 1 cawan Hiris saderi
- ½ cawan Kobis dicincang kasar
- 1¼ cawan Mayonis atau salad dressing; (hingga 1 ½)
- ½ cawan Sedap acar manis
- 1 sudu besar Lobak pedas yang disediakan
- 1 sudu besar Bawang besar dicincang halus
- ¼ sudu teh garam
- 1 sengkang Lada
- Daun salad; daun romaine, atau endive
- lobak dihiris
- Hirisan jeruk Dill
- Gulung atau keropok

ARAHAN:

a) Menggunakan mangkuk adunan yang besar, gaulkan salmon, saderi dan kubis perlahan-lahan.

b) Dalam mangkuk lain, kacau bersama mayonis atau salad dressing, acar, lobak pedas, bawang, garam dan lada sulah. Masukkan ke dalam bancuhan salmon dan gaulkan hingga bersalut. Tutup salad dan sejukkan sehingga masa hidangan (sehingga 24 jam).

c) Lapik mangkuk salad dengan sayur-sayuran. Sudukan dalam adunan salmon. Teratas dengan lobak dan jeruk dill. Hidangkan salad dengan gulung atau keropok.

71. Gulung Kertas Nasi Cendawan

BAHAN-BAHAN:
- 1 sudu besar minyak bijan
- 2 ulas bawang putih, ditumbuk
- 1 sudu kecil halia parut
- 2 biji bawang merah, dihiris halus
- 300g cendawan butang, dicincang
- 40g kobis cina, dicincang halus
- 2 sudu kecil kicap masin rendah
- 16 helai besar kertas beras
- 1 tandan ketumbar segar, daun dipetik
- 2 lobak merah sederhana, dikupas, dicincang halus
- 1 cawan taugeh, dipotong
- Kicap masin rendah tambahan, untuk dihidangkan

ARAHAN:
SEDIAKAN ISI CENDAWAN
a) Panaskan minyak bijan, bawang putih yang dihancurkan, dan halia parut dalam kuali dengan api perlahan selama 1 minit.
b) Masukkan bawang merah yang dicincang halus, cendawan butang yang dicincang, dan kubis Cina yang dicincang ke dalam kuali.
c) Besarkan api kepada sederhana dan masak selama 3 minit atau sehingga bahan-bahan empuk sahaja.
d) Pindahkan adunan yang telah dimasak ke dalam mangkuk, masukkan kicap masin rendah, dan ketepikan untuk menyejukkan.

LEMBUTKAN KERTAS BERAS
e) Isikan mangkuk besar dengan air suam.
f) Letakkan 2 helai kertas beras pada satu masa ke dalam air untuk melembutkan selama kira-kira 30 saat. Pastikan ia menjadi lembut tetapi masih cukup kukuh untuk dikendalikan.

HIMPUNKAN GULUNG
g) Keluarkan helaian kertas beras yang telah dilembutkan dari air dan toskannya dengan baik. Letakkannya di atas papan rata.
h) Taburkan setiap helaian dengan daun ketumbar segar dan kemudian sandwic dengan helaian kertas beras yang lain.
i) Atas kertas beras dua lapis dengan satu sudu campuran cendawan, berhati-hati untuk mengalirkan kelembapan berlebihan.
j) Masukkan lobak merah dan taugeh di atas adunan cendawan.
k) Lipat di hujung kertas nasi dan gulungkan helaian dengan kuat.
l) Ketepikan gulungan yang telah disediakan dan tutup dengan plastik.
m) Ulangi proses dengan bahan-bahan yang tinggal untuk membuat lebih banyak gulungan.
n) Hidangkan Mushroom Rice Paper Rolls serta-merta dengan kicap rendah garam tambahan untuk dicelup.

72.Salad Gnocchi Asia

BAHAN-BAHAN:
- 1 paun gnocchi kentang
- 1 cawan kobis yang dicincang
- 1 cawan lobak merah, julienned
- ½ cawan kacang edamame, dimasak
- ¼ cawan bawang hijau, dicincang
- bijan
- Pembalut halia bijan
- Kicap (pilihan)

ARAHAN:
a) Masak gnocchi mengikut arahan pakej, kemudian toskan dan ketepikan.
b) Dalam mangkuk besar, satukan gnocchi yang telah dimasak, kubis yang dicincang, lobak merah yang telah direbus, kacang edamame yang telah dimasak dan bawang hijau yang dicincang.
c) Siram dengan halia bijan dan toskan perlahan-lahan untuk menyaluti semua bahan.
d) Taburkan bijan di atas.
e) Jika mahu, tambahkan sedikit kicap untuk rasa tambahan.
f) Hidangkan salad gnocchi Asia sebagai pilihan yang bertenaga dan enak.

73.Ladu Kobis

BAHAN-BAHAN:
- 1 pek pembungkus ladu
- ½ paun daging babi yang dikisar
- ½ cawan kubis Napa, dicincang halus
- ¼ cawan bawang hijau, dicincang halus
- 1 sudu besar halia, dikisar
- 2 sudu besar kicap
- 1 sudu besar minyak bijan
- 1 sudu teh gula
- ½ sudu teh garam
- ¼ sudu teh lada hitam

ARAHAN:
a) Dalam mangkuk adunan, satukan daging babi yang dikisar, kubis Napa, bawang hijau, halia, kicap, minyak bijan, gula, garam dan lada hitam. Gaul rata sehingga semua bahan sebati.
b) Ambil pembungkus ladu dan letakkan satu sudu isi daging babi di tengah.
c) Celupkan jari anda ke dalam air dan lembapkan tepi pembalut.
d) Lipat pembalut menjadi dua dan tekan tepi bersama-sama untuk mengelak, mencipta bentuk separuh bulan.
e) Ulangi proses dengan baki pembungkus ladu dan isi.
f) Didihkan periuk besar air. Masukkan ladu ke dalam air mendidih dan masak selama kira-kira 5-7 minit sehingga ia terapung ke permukaan.
g) Toskan ladu dan hidangkan panas bersama kicap atau sos pencicah kegemaran anda.

74. Mee Nasi Goreng Taiwan

BAHAN-BAHAN:
- 8 auns mi beras kering (mi fen)
- 2 sudu besar minyak sayuran
- 2 ulas bawang putih, dikisar
- 1 cawan kobis yang dicincang
- 1 cawan taugeh
- ½ cawan lobak merah yang dihiris
- ½ cawan hirisan lada benggala hijau
- 2 sudu besar kicap
- 1 sudu besar sos tiram
- ½ sudu teh gula
- ¼ sudu teh lada putih
- Bawang hijau, dihiris (untuk hiasan)

ARAHAN:
a) Masak mee mengikut arahan pakej. Toskan dan ketepikan.
b) Panaskan minyak sayuran dalam kuali atau kuali besar di atas api yang sederhana tinggi.
c) Masukkan bawang putih kisar dan tumis lebih kurang 1 minit sehingga naik bau.
d) Masukkan kubis yang dicincang, taugeh, lobak merah yang dihiris, dan lada benggala hijau ke dalam kuali. Tumis selama kira-kira 2-3 minit sehingga sayur-sayuran agak empuk.
e) Tolak sayur-sayuran ke sebelah kuali dan masukkan mee beras yang telah dimasak ke bahagian kosong.
f) Dalam mangkuk kecil, campurkan kicap, sos tiram, gula, dan lada putih. Tuangkan sos ini ke atas mee.
g) Tumis semuanya selama 2-3 minit lagi sehingga mee disalut dengan sos dan dipanaskan.
h) Hiaskan dengan bawang hijau yang dihiris.
i) Hidangkan Tsao Mi Fun panas sebagai hidangan utama atau ulam.

75.Kobis Dan Bungkus Edamame

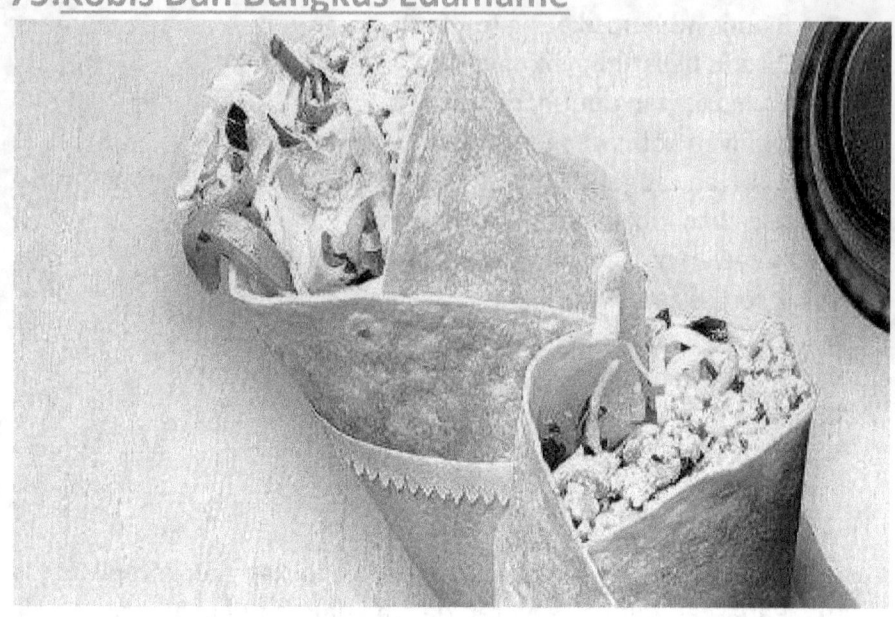

BAHAN-BAHAN:
- 6 sudu besar Edamame hummus
- 2 tortilla tepung
- ½ cawan lobak merah & kubis yang dicincang
- 1 cawan bayi bayam segar
- 6 keping tomato
- 2 sudu makan salad dewi hijau

ARAHAN:
a) Sapukan hummus ke atas setiap tortilla.
b) Lapiskan dengan kubis & lobak merah, bayam dan tomato.
c) Siram dengan dressing.
d) Gulung rapat.
e) Panaskan selama 2 minit dalam ketuhar gelombang mikro.

76. Nasi Goreng Telur Dalam Mug

BAHAN-BAHAN:
- 1 cawan nasi melati masak
- 2 sudu besar kacang pea beku
- 2 sudu besar lada merah cincang
- ½ tangkai bawang hijau, dihiris
- 1 secubit taugeh
- 1 secubit kobis ungu yang dicincang
- 1 biji telur
- 1 sudu besar kicap rendah natrium
- ½ sudu teh minyak bijan
- ½ sudu teh serbuk bawang
- ¼ sudu teh serbuk lima rempah

ARAHAN:
a) Masukkan beras ke dalam mug.
b) Letakkan kacang, lada merah, bawang hijau, taugeh dan kubis di atasnya.
c) Tutup mug dengan filem berpaut.
d) Menggunakan pisau, tebuk lubang melalui filem.
e) Ketuhar gelombang mikro pada suhu tinggi selama 1 minit 15 saat.
f) Sementara itu, pukul telur dan campurkan dalam kicap, minyak bijan, serbuk bawang, dan serbuk lima rempah.
g) Tuang adunan telur ke dalam mug, dan kacau bersama sayur dan nasi
h) Tutup cawan dengan filem berpaut sekali lagi, dan microwave selama 1 minit 15 saat hingga 1 minit 30 saat.
i) Keluarkan cawan dari ketuhar gelombang mikro, dan kacau semuanya dengan baik.
j) Biarkan nasi goreng berdiri seminit untuk selesai memasak.
k) Gunakan garfu untuk kembangkan nasi dan hidangkan.

77. Lasagna kubis

BAHAN-BAHAN:
- 2 paun daging lembu Kisar
- 1 Bawang besar; dicincang
- 1 lada hijau; dicincang
- 1 kepala kubis sederhana; dicincang
- 1 sudu teh Oregano
- 1 sudu teh Garam
- ⅛ sudu teh Lada
- 18 auns pes tomato; ATAU
- Pes tomato dengan perasa Itali
- 8 auns keju Mozzarella; dihiris

ARAHAN:
a) Tumis daging lembu, bawang besar, dan lada hijau sehingga daging berwarna perang. Toskan dengan baik.
b) Sementara itu, rebus kubis sehingga empuk, 2-5 minit. Campurkan 2 cawan kubis bentuk cecair dengan oregano, garam, lada, dan pes tomato.
c) Reneh atau Microwave selama 5 minit. Masukkan campuran daging-sayuran. Reneh selama 5 minit lagi. Sudukan separuh adunan tomato-daging ke dalam kuali 13x9". Lapiskan kubis yang telah dikeringkan dengan baik pada sos kemudian sisa sos. Teratas dengan hirisan keju untuk ditutup.
d) Bakar pada 400 F. selama 25-40 minit. Keju boleh ditambah dalam 5-10 minit terakhir. Boleh Microwave sebentar dan kemudian siapkan di dalam ketuhar, untuk mengurangkan masa memasak.

78. Okonomiyaki Kubis Jepun

BAHAN-BAHAN:
- 2 cawan kobis, dicincang halus
- 1 cawan tepung serba guna
- ¾ cawan air
- 2 biji telur besar
- ½ cawan daun bawang dicincang
- ½ cawan daging atau udang yang dimasak dicincang (pilihan)
- ¼ cawan mayonis
- 2 sudu besar sos Worcestershire
- 1 sudu besar kicap
- Serpihan bonito (serpihan ikan kering) dan jeruk halia, untuk hidangan

ARAHAN:
a) Dalam mangkuk besar, satukan kubis, tepung, air, telur, daun bawang, dan bacon atau udang yang telah dimasak (jika menggunakan). Gaul sebati.
b) Panaskan kuali atau kuali tidak melekat di atas api sederhana dan griskan sedikit.
c) Tuangkan ¼ cawan adunan ke atas kuali dan ratakan ke dalam bulatan.
d) Masak selama 3-4 minit sehingga bahagian bawah berwarna perang keemasan, kemudian balikkan dan masak selama 3-4 minit lagi.
e) Ulang dengan adunan yang tinggal. Hidangkan okonomiyaki yang disiram dengan mayonis, sos Worcestershire dan kicap. Taburkan bonito flakes dan hidangkan bersama jeruk halia.

79. Salad Grapefruit Kubis Merah

BAHAN-BAHAN:
- 4 cawan kobis merah yang dihiris nipis
- 2 cawan limau gedang bersegmen
- 3 sudu besar cranberry kering
- 2 sudu besar biji labu

ARAHAN:
a) bahan salad dalam mangkuk adunan besar dan gaul.

80.Kubis Dan Babi Gyoza

BAHAN-BAHAN:
- 1 paun (454 g) daging babi yang dikisar
- 1 kepala kubis Napa (kira-kira 1 paun / 454 g), dihiris nipis dan dicincang
- ½ cawan daun bawang cincang
- 1 sudu teh daun kucai segar dikisar
- 1 sudu teh kicap
- 1 sudu teh halia segar yang dikisar
- 1 sudu besar bawang putih kisar
- 1 sudu teh gula pasir
- 2 sudu teh garam halal
- 48 hingga 50 wonton atau pembungkus ladu
- Semburan masakan

ARAHAN
a) Sembur bakul air fryer dengan semburan masak. Mengetepikan.
b) Buat inti: Satukan semua bahan, kecuali pembungkus dalam mangkuk besar. Kacau hingga sebati.
c) Buka pembungkus pada permukaan kerja yang bersih, kemudian lap tepi dengan sedikit air. Cedok 2 sudu teh adunan inti di tengah.
d) Buat gyoza : Lipat pembalut sehingga mengisi dan tekan tepi untuk mengelak. Lipat tepi jika mahu. Ulangi dengan baki pembalut dan inti.
e) Susun gyoza dalam kuali dan siram dengan semburan masak.
f) Letakkan bakul penggoreng udara pada kuali dan luncurkan ke dalam Kedudukan Rak 2, pilih Goreng Udara, tetapkan suhu kepada 360ºF (182ºC) dan tetapkan masa kepada 10 minit.
g) Balikkan gyoza pada separuh masa memasak.
h) Apabila dimasak, gyoza akan menjadi perang keemasan.
i) Hidangkan segera.

81. Sup Wonton Vegetarian

BAHAN-BAHAN:
- Pembalut wonton
- 1/2 cawan cendawan cincang
- 1/2 cawan lobak merah cincang
- 1/2 cawan saderi dicincang
- 1/2 cawan kubis cincang
- 1/4 cawan bawang hijau dicincang
- 2 ulas bawang putih, dikisar
- 1 sudu besar kicap
- 1 sudu besar minyak bijan
- 6 cawan sup sayur

ARAHAN

a) Dalam kuali, tumis cendawan, lobak merah, saderi, kubis, bawang hijau, dan bawang putih selama beberapa minit.

b) Masukkan kicap dan minyak bijan, dan teruskan memasak sehingga sayur-sayuran empuk.

c) Letakkan satu sudu kecil campuran sayur-sayuran di tengah-tengah setiap pembungkus wonton.

d) Basahkan tepi pembalut wonton dengan air, lipat dua dan tekan untuk mengelak.

e) Dalam periuk, masak sup sayur-sayuran sehingga mendidih.

f) Masukkan wonton ke dalam periuk dan masak selama 5-7 minit, atau sehingga ia terapung ke permukaan.

g) Hidangkan panas.

82. Taco Ikan Kubis

BAHAN-BAHAN:
- 1 paun ikan putih, seperti ikan tongkol atau tilapia
- 1/2 cawan jus nanas
- 1/2 cawan santan
- 1 sudu besar rum gelap
- 1 sudu besar minyak zaitun
- 1/2 sudu teh jintan halus
- 1/2 sudu teh paprika
- 1/2 sudu teh serbuk bawang putih
- 1/2 sudu teh garam
- 1/4 sudu teh lada hitam
- Tortilla jagung
- Kobis cincang
- Ketulan nanas
- Kelapa parut tanpa gula
- Cilantro untuk hiasan

ARAHAN

a) Dalam mangkuk adunan, pukul bersama jus nanas, santan, rum gelap, minyak zaitun, jintan putih, paprika, serbuk bawang putih, garam dan lada hitam.
b) Masukkan ikan ke dalam mangkuk adunan dan gaulkan hingga berbalut.
c) Tutup mangkuk dan perap di dalam peti sejuk selama sekurang-kurangnya 30 minit.
d) Panaskan panggangan ke api sederhana tinggi.
e) Bakar ikan selama 2-3 minit setiap sisi, sehingga ia masak.
f) Panaskan tortilla jagung di atas panggangan.
g) 7. Pasang taco dengan meletakkan beberapa keping ikan pada setiap tortilla dan toppingnya dengan kubis yang dicincang, ketulan nanas, kelapa parut tanpa gula, dan ketumbar.
h) Hidangkan segera.

83. Crostini Tenderloin Babi Dengan Salad Kubis

BAHAN-BAHAN:
- 2 sudu besar minyak zaitun
- 2 ulas bawang putih, dikisar
- ½ sudu teh garam
- ¼ sudu teh lada hitam
- 1 daging babi tenderloin, dipotong
- 1 baguette Perancis, dihiris menjadi kepingan ½ inci
- 3 sudu besar mentega, cair
- 2 auns krim keju, dilembutkan
- 2 sudu besar mayonis
- 2 sudu teh thyme segar yang dicincang, ditambah lagi untuk hiasan

SALAD Epal DAN KUBIS
- 3 sudu besar minyak zaitun
- ½ epal Granny Smith kecil, dihiris nipis
- 2 ½ cawan kobis merah yang dicincang halus
- 2 sudu besar cuka balsamic
- ¼ sudu teh garam
- ¼ sudu teh lada hitam

ARAHAN:
a) Satukan 2 sudu besar minyak zaitun, bawang putih, garam dan lada sulah dalam mangkuk sederhana.
b) Masukkan daging babi dan putar ke lapisan.
c) Tutup dengan bungkus plastik dan biarkan perap selama 20 minit pada suhu bilik.
d) Panaskan ketuhar hingga 350 darjah.
e) Panaskan kuali besar yang selamat untuk ketuhar di atas api sederhana tinggi. Masukkan daging babi dan goreng di semua bahagian.
f) Pindahkan kuali ke dalam ketuhar dan panggang daging babi selama 15-20 minit.
g) Sejukkan daging babi sepenuhnya dan potong menjadi kepingan ¼ inci.
h) Satukan krim keju, mayo, dan thyme dalam mangkuk kecil dan kacau sehingga rata. Mengetepikan.

SALAD Epal DAN KUBIS
i) Panaskan 3 sudu besar minyak zaitun dalam kuali.
j) Masukkan epal dan masak selama 1 minit, kacau kerap.
k) Masukkan kubis dan masak selama 5 minit.
l) Tambah cuka, garam, dan lada dan masak selama 4 hingga 5 minit, kacau kerap, sehingga cecair menyejat.

UNTUK MEMASANG:
m) Sapu kedua-dua belah hirisan baguette dengan mentega cair.
n) Bakar pada 350 selama 10 hingga 12 minit, sehingga perang sedikit di sekeliling tepi.
o) Sapukan campuran keju krim pada satu sisi setiap kepingan roti.
p) Teratas dengan 1 hingga 2 keping daging babi.
q) Tumpukan kubis merah di atas.

84. Mangkuk Açaí Dengan Pic Dan Mikrohijau Kubis

BAHAN-BAHAN:
- ½ Cawan Kubis Mikrohijau
- 1 pisang beku
- 1 cawan beri merah beku
- 4 sudu besar serbuk Açaí
- ¾ cawan badam atau santan
- ½ cawan yogurt Yunani biasa
- ¼ sudu teh ekstrak badam

HIASAN:
- Serpihan kelapa bakar
- hirisan pic segar
- Granola atau kacang/biji panggang
- Hujan renyai-renyai

ARAHAN:

a) Kisar susu dan yogurt dalam pengisar besar berkelajuan tinggi. Tambah buah beku Açaí, mikrohijau kubis dan ekstrak badam.

b) Teruskan mengadun pada rendah sehingga licin, hanya menambah cecair tambahan jika perlu. Patutlah TEBAL dan berkrim macam aiskrim!

c) Bahagikan smoothie kepada dua mangkuk dan letakkan semua topping kegemaran anda.

85. Salad Buah Dan Kubis

BAHAN-BAHAN:
- 2 biji oren , dikupas dan dibelah
- 2 biji epal , dicincang
- 2 cawan kobis hijau , dicincang
- 1 cawan anggur hijau tanpa biji
- ½ cawan krim putar
- 1 sudu besar Gula
- 1 sudu besar jus lemon
- ¼ sudu teh Garam
- ¼ cawan sos mayonis/salad

ARAHAN:
a) Letakkan oren, epal, kubis, dan anggur dalam mangkuk.
b) Pukul krim putar dalam mangkuk sejuk sehingga kaku. Lipat krim putar, gula, jus lemon, dan garam ke dalam mayonis.
c) Kacau ke dalam adunan buah.

86. Salad Red Velvet Dengan Ubi Bit Dan Mozzarella

BAHAN-BAHAN:
- ½ kubis merah
- ½ jus limau nipis
- 3 sudu besar jus bit
- 3 sudu besar sirap agave
- 3 ubi bit masak
- 150 gr bebola keju kecil Mozzarella
- 2 sudu besar daun kucai dicincang halus
- 2 sudu besar kacang pain dipanggang

ARAHAN:
a) Potong kubis merah dengan pengupas menjadi tali halus.
b) Ambil mangkuk adunan dan campurkan jus bit dengan 2 sudu besar sirap agave dan jus setengah limau nipis.
c) Campurkan ini dengan hirisan kobis merah dan biarkan untuk diperap selama setengah jam.
d) Selepas itu, anda biarkan kubis mengalir ke dalam penapis.
e) Daripada ubi bit merah yang dimasak, anda mendapat bebola kecil dengan sudu Parisienne .
f) Taburkan bebola ini dengan 1 sudu besar sirap agave.
g) Panggang kacang pain dalam kuali sehingga ia berwarna perang keemasan. Masukkan kubis merah yang telah ditoskan ke dalam pinggan.
h) Letakkan bit merah dan bebola Mozzarella di atasnya. Bahagikan kacang pain dan daun kucai yang dicincang halus di atasnya.

87. Kobis Dan Jus Oren

BAHAN-BAHAN:
- 1 epal hijau
- 1 oren
- 1 sudu kecil serbuk Spirulina
- 4 helai daun kubis merah

ARAHAN:
a) Inti epal hijau dan kupas oren.
b) Alihkan mereka ke pemerah jus bersama kubis dan serbuk Spirulina.
c) Jus dan hidangkan segera.

88. Sup Kubis Musim Bunga Dengan Rumpai Laut Rangup

BAHAN-BAHAN:
- 4 sudu besar Mentega
- 1 cawan kentang, dikupas dan dicincang
- ¾ cawan bawang cincang
- Garam dan lada hitam yang baru dikisar
- 3¾ cawan stok ayam buatan sendiri yang ringan
- 3½ cawan daun kobis musim bunga muda dicincang
- ¼ cawan Krim
- Rumpai Laut Rangup
- Kubis Savoy
- Minyak untuk menggoreng
- garam
- gula

ARAHAN:
a) Cairkan mentega dalam kuali yang berat. Apabila sudah berbuih, masukkan kentang dan bawang besar dan masukkan mentega sehingga bersalut. Taburkan dengan garam dan lada sulah. Tutup dan peluh dengan api perlahan selama 10 minit. Masukkan stok dan masak sehingga kentang empuk.

b) Masukkan kubis dan masak, tanpa penutup sehingga kubis masak - kira-kira 4 hingga 5 minit. Mengekalkan penutupnya mengekalkan warna hijau.

c) Untuk membuat Rumpai Laut Rangup, keluarkan daun luar dari kobis dan potong tangkai. Gulungkan daun ke dalam bentuk cerut dan potong ke dalam cincang yang paling nipis dengan pisau yang sangat tajam. Panaskan minyak dalam penggorengan hingga 350 darjah F. Masukkan sedikit kubis dan masak selama beberapa saat sahaja. Sebaik sahaja ia mula garing, keluarkan dan toskan pada tuala kertas.

d) Taburkan dengan garam dan gula. Toskan, dan hidangkan sebagai hiasan pada sup atau hanya digigit.

e) Haluskan sup dalam pengisar atau pemproses makanan. Rasa dan sesuaikan perasa.

f) Masukkan krim sebelum dihidangkan. Hidangkan sahaja atau dengan busut Rumpai Laut Rangup di atasnya.

89. Salad Kubis Dan Delima

BAHAN-BAHAN:
- 1 cawan kobis - parut
- ½ buah delima, dibuang biji
- ¼ Sudu besar biji sawi
- ¼ Sudu besar biji jintan manis
- 4-5 helai daun kari
- Cubit asafoetida
- 1 sudu besar minyak
- Garam dan gula secukup rasa
- Jus lemon secukup rasa
- Daun ketumbar segar

ARAHAN:
a) Satukan delima dan kubis.
b) Panaskan biji sawi dalam kuali bersama minyak.
c) Masukkan biji jintan manis, daun kari, dan asafoetida ke dalam kuali.
d) Satukan campuran rempah dengan kubis.
e) Masukkan gula, garam, dan jus lemon, dan kacau hingga sebati.
f) Hidangkan dihiasi dengan ketumbar.

90. Salad Daging Lembu Dengan Acar Goji Berries

BAHAN-BAHAN:
- 2 stik mata rusuk
- Pembalut gajus

UNTUK PERAPIAN:
- Perahan 2 biji limau purut
- 3 sudu besar jus limau nipis
- 2 ulas bawang putih, dikisar
- 1 sudu besar halia yang baru diparut
- 1 sudu besar madu
- 2 sudu kecil sos ikan
- 1 sudu besar minyak bijan bakar
- 2 sudu besar minyak sayuran

UNTUK ACAR GOJI BERRI:
- 3 sudu besar cuka sari apel, dipanaskan
- 2 sudu teh madu
- ½ sudu teh garam halus
- ⅓ cawan beri Goji

UNTUK SALAD:
- 4 biji timun mini, hiris nipis
- 1 kobis ungu kecil, dicincang
- 1 kobis hijau kecil, dicincang
- 2 lobak merah, dikupas dan dicukur nipis
- 4 biji daun bawang, dihiris halus
- 1 cili merah, biji dikikis dan dihiris halus
- ½ cawan setiap satu, pudina segar, ketumbar, dan selasih
- 2 sudu besar bijan bakar, hingga habis
- ¼ sudu teh serpihan cili merah kering

ARAHAN:

a) Untuk perapan, masukkan semua bahan ke dalam mangkuk adunan kecil dan pukul hingga sebati.

b) Letakkan stik dalam hidangan tidak reaktif. Lumurkan separuh bahan perapan. Tutup dan masukkan ke dalam peti ais untuk diperap selama beberapa jam. Simpan perapan yang dikhaskan untuk menghias salad.

c) Untuk jeruk goji beri, satukan semua bahan dalam mangkuk. Ketepikan selama 30 minit untuk memerah.

d) Bawa stik perap ke suhu bilik sebelum memanggang. Panaskan Le Creuset 30cm Cast Iron Signature Shallow Grill sehingga panas. Bakar stik pada sederhana tinggi selama 3-4 minit. Balikkan dan masak selama 3 minit lagi, atau sehingga masak mengikut citarasa anda. Rehatkan selama 5-7 minit sebelum dihiris.

e) bahan salad , kecuali biji bijan, dalam mangkuk besar. Masukkan bahan perapan yang telah dikhaskan dan gaulkan sedikit hingga bersalut. Pindahkan salad ke pinggan hidangan. Susun stik yang dihiris pada salad. Taburkan dengan bijan dan hidangkan gajus bersama-sama.

91.Sup Kubis & Bit

BAHAN-BAHAN:
- 1 Med Kubis; dihiris atau baji
- 3 Bawang putih; cengkih dikisar
- bit; sekumpulan
- 3 lobak merah; beberapa
- 1 Lg Bawang
- 2 saderi; tangkai dipotong 3rd
- 3 paun Tulang; daging/tulang sumsum
- 2 Lemon
- 2 tin Tomato; jangan longkang

ARAHAN:
a) Masukkan daging dan tulang dalam periuk stok 8 atau 12 qt. Masukkan dalam tin tomato, tutup dengan air dan biarkan mendidih.
b) Sementara itu, sediakan sayur-sayuran anda. Potong bit dan lobak merah, yang lain masuk secara keseluruhan. Apabila stok mendidih, hentikan bahagian atas.
c) Masukkan bit, lobak merah, bawang putih, dan sayur-sayuran lain. Kecilkan api hingga mendidih dan biarkan penutupnya condong.
d) Selepas kira-kira sejam, masukkan bawang putih dan gula.

92.Kubis Merah Dengan Chrysanthemum s

BAHAN-BAHAN:
- 1 biji kobis merah, dihiris & nipis
- ¼ cawan Mentega
- 1 Bawang besar, dihiris cincin
- 2 biji epal besar, dikupas, dibuang inti, dihiris nipis
- 2 sudu besar kelopak bunga kekwa kuning
- 2 sudu besar gula perang
- Air sejuk
- 4 sudu besar cuka wain merah
- Garam laut
- Lada
- Mentega
- Kelopak Chrysanthemum segar

ARAHAN:
a) Rebus kubis merah dalam air mendidih selama 1 minit.
b) Toskan, segarkan dan ketepikan. Panaskan mentega dalam kuali, masukkan cincin bawang, dan peluh selama 4 minit, sehingga lembut.
c) Masukkan kepingan epal dan masak selama 1 minit lagi.
d) Masukkan kubis ke dalam kaserol kalis api yang dalam dengan penutup yang ketat.
e) Campurkan bawang, epal, dan kelopak bunga kekwa, dan putar semua bahan supaya ia disalut dengan mentega.
f) Taburkan gula dan tuangkan air dan cuka. Perasakan dengan ringan.
g) Masak dengan api perlahan, atau dalam ketuhar pada 325F/170/gas 3 selama 1½ - 2 jam, sehingga kubis, lembut.
h) Sejurus sebelum dihidangkan, tambahkan tombol mentega yang baik dan beberapa kelopak kekwa segar.

93.Tumis Kobis

BAHAN-BAHAN:
- 1 kobis kecil, dicincang
- 1 lobak merah, julienned
- 1 lada benggala, dihiris nipis
- 2 ulas bawang putih, dikisar
- 2 sudu besar kicap
- 1 sudu besar minyak bijan
- 1 sudu besar minyak sayuran
- Garam dan lada sulah secukup rasa

ARAHAN:
a) Panaskan minyak sayuran dalam kuali dengan api sederhana.
b) Masukkan bawang putih kisar dan tumis hingga naik bau.
c) Masukkan kubis yang dicincang, lobak merah yang dicincang, dan lada benggala yang dihiris. Tumis selama 5-7 minit sehingga sayur-sayuran empuk.
d) Tuangkan kicap dan minyak bijan ke atas sayuran, gaul rata.
e) Perasakan dengan garam dan lada sulah secukup rasa.
f) Hidangkan panas dan nikmati!

94. Gulung Kubis Sumbat

BAHAN-BAHAN:
- 1 kobis besar
- 1 lb daging lembu kisar
- 1 cawan nasi masak
- 1 biji bawang, dicincang halus
- 1 tin sos tomato
- 1 sudu teh perasa Itali
- Garam dan lada sulah secukup rasa

ARAHAN:
a) Rebus daun kubis sehingga lembut, kemudian sejukkan dan ketepikan.
b) Dalam mangkuk, campurkan daging lembu, nasi yang dimasak, bawang cincang, perasa Itali, garam dan lada sulah.
c) Letakkan satu sudu adunan pada setiap daun kubis dan gulung padat.
d) Susun gulung dalam loyang, tuangkan sos tomato ke atasnya.
e) Bakar pada 350°F (175°C) selama 30-40 minit.
f) Hidangkan dengan sos tambahan dan nikmati!

95.Sup Kobis Dan Sosej

BAHAN-BAHAN:
- 1/2 kepala kubis, dicincang
- 1 lb sosej salai, dihiris
- 1 biji bawang besar, potong dadu
- 2 lobak merah, dihiris
- 3 ulas bawang putih, dikisar
- 4 cawan air rebusan ayam
- 1 tin tomato potong dadu
- 1 sudu teh thyme kering
- Garam dan lada sulah secukup rasa

ARAHAN:
a) Dalam periuk besar, tumis sosej sehingga keperangan.
b) Masukkan bawang besar dan bawang putih, masak hingga layu.
c) Masukkan kubis, lobak merah, sup ayam, tomato dadu, thyme, garam dan lada sulah.
d) Rebus selama 20-25 minit sehingga sayur-sayuran empuk.
e) Sesuaikan perasa dan hidangkan panas.

96. Salad Kubis Dengan Lemon Dressing

BAHAN-BAHAN:
- 1/2 kepala kobis merah, hiris nipis
- 1 cawan lobak merah yang dicincang
- 1/4 cawan pasli segar yang dicincang
- 1/4 cawan minyak zaitun
- Jus 1 lemon
- 1 sudu besar madu
- Garam dan lada sulah secukup rasa

ARAHAN:
a) Dalam mangkuk besar, gabungkan hirisan kubis, lobak merah yang dicincang, dan pasli cincang.
b) Dalam mangkuk kecil, pukul bersama minyak zaitun, jus lemon, madu, garam, dan lada.
c) Tuangkan dressing ke atas adunan kubis dan gaulkan hingga sebati.
d) Sejukkan selama 30 minit sebelum dihidangkan.

97.Kari Kobis Dan Kentang

BAHAN-BAHAN:
- 1 kubis kecil, dicincang
- 3 biji kentang, kupas dan potong dadu
- 1 biji bawang, dicincang halus
- 2 biji tomato, potong dadu
- 2 sudu besar serbuk kari
- 1 sudu kecil biji jintan manis
- 1 sudu kecil kunyit
- 1 cawan santan
- Garam secukup rasa

ARAHAN:
a) Dalam kuali, panaskan minyak dan masukkan biji jintan manis. Bila dah memercik, masukkan bawang cincang dan tumis hingga kekuningan.
b) Masukkan serbuk kari dan kunyit, kacau seminit.
c) Masukkan kentang dan tomato yang dipotong dadu, masak sehingga kentang empuk sedikit.
d) Masukkan kobis cincang, santan, dan garam. Tutup dan renehkan sehingga sayur masak.
e) Hidangkan panas bersama nasi atau roti.

98.Tumis Kobis Dan Udang

BAHAN-BAHAN:
- 1 biji kobis kecil, dihiris nipis
- 1 lb udang, dikupas dan dikeringkan
- 1 lada benggala merah, dihiris
- 2 sudu besar kicap
- 1 sudu besar sos tiram
- 1 sudu besar halia, dikisar
- 2 sudu besar minyak sayuran
- Bawang hijau untuk hiasan

ARAHAN:
a) Panaskan minyak sayuran dalam kuali atau kuali besar.
b) Masukkan halia kisar dan lada benggala yang dihiris, tumis selama 2 minit.
c) Masukkan udang dan masak sehingga berubah menjadi merah jambu.
d) Masukkan kobis yang dihiris nipis dan tumis hingga kobis empuk.
e) Tuangkan kicap dan sos tiram ke atas tumisan tadi, gaul rata.
f) Hiaskan dengan bawang hijau dan hidangkan di atas nasi.

99. Tumis Kobis Dan Cendawan

BAHAN-BAHAN:
- 1 biji kobis kecil, dihiris nipis
- 1 cawan cendawan, dihiris
- 1 biji bawang merah, hiris nipis
- 3 sudu besar kicap
- 1 sudu besar cuka beras
- 1 sudu besar minyak bijan
- 1 sudu teh gula
- 2 sudu besar minyak sayuran

ARAHAN:
a) Panaskan minyak sayuran dalam kuali atau kuali.
b) Masukkan hirisan cendawan dan bawang merah, tumis sehingga cendawan mengeluarkan kelembapannya.
c) Masukkan kobis yang dihiris nipis dan teruskan tumis hingga sayur empuk.
d) Dalam mangkuk kecil, campurkan kicap, cuka beras, minyak bijan, dan gula. Tuangkan ke atas sayur-sayuran dan toskan hingga sebati.
e) Hidangkan panas sebagai ulam atau di atas nasi.

100.Salad Kubis Dan Kacang Tanah

BAHAN-BAHAN:
- 1/2 kepala kobis merah, dicincang
- 1 cawan lobak merah yang dicincang
- 1/2 cawan kacang tanah cincang
- 2 sudu besar kicap
- 1 sudu besar cuka beras
- 1 sudu besar minyak bijan
- 1 sudu teh madu
- Ketumbar cincang untuk hiasan

ARAHAN:
a) Dalam mangkuk besar, satukan kobis merah yang dicincang dan lobak merah yang dicincang.
b) Dalam mangkuk kecil, pukul bersama kicap, cuka beras, minyak bijan, dan madu.
c) Tuangkan dressing ke atas adunan kobis, toskan sehingga bersalut sebati.
d) Taburkan kacang tanah cincang dan ketumbar di atasnya.
e) Sejukkan selama 30 minit sebelum dihidangkan.

KESIMPULAN

Sambil kami mengakhiri perjalanan kami yang penuh rasa melalui "Buku masakan "kubis sihat dan kimchi", kami berharap anda telah mengalami kegembiraan menggabungkan kubis yang kaya dengan nutrien dan rasa kimchi yang berani ke dalam repertoir masakan anda. Setiap resipi dalam halaman ini adalah perayaan kubis yang pelbagai dan kuasa transformatif penapaian—bukti kemungkinan lazat dan sihat yang menanti di dapur anda.

Sama ada anda telah merasai kesedapan klasik kimchi kubis Napa, bereksperimen dengan kimchi kubis merah yang inventif, atau menerima kepelbagaian kubis Savoy dalam variasi kimchi, kami percaya bahawa 100 resipi ini telah mencetuskan semangat anda untuk menerokai dunia kubis dan kimchi. Di luar bahan dan teknik, semoga konsep kobis sihat dan pembuatan kimchi menjadi sumber inspirasi, menjadikan dapur anda hab ciptaan berkhasiat dan berperisa.

Sambil anda terus menerokai dunia kubis dan kimchi, semoga "Buku masakan "kubis sihat dan kimchi" menjadi teman yang dipercayai, membimbing anda melalui pelbagai pilihan lazat yang membawa kebaikan bahan- bahan ini ke meja anda. Inilah untuk meraikan perjalanan yang sihat dan berperisa melalui kubis dan kimchi—bon appetit!

www.ingramcontent.com/pod-product-compliance
Lightning Source LLC
Chambersburg PA
CBHW071326110526
44591CB00010B/1046